Page de Prévisualitation

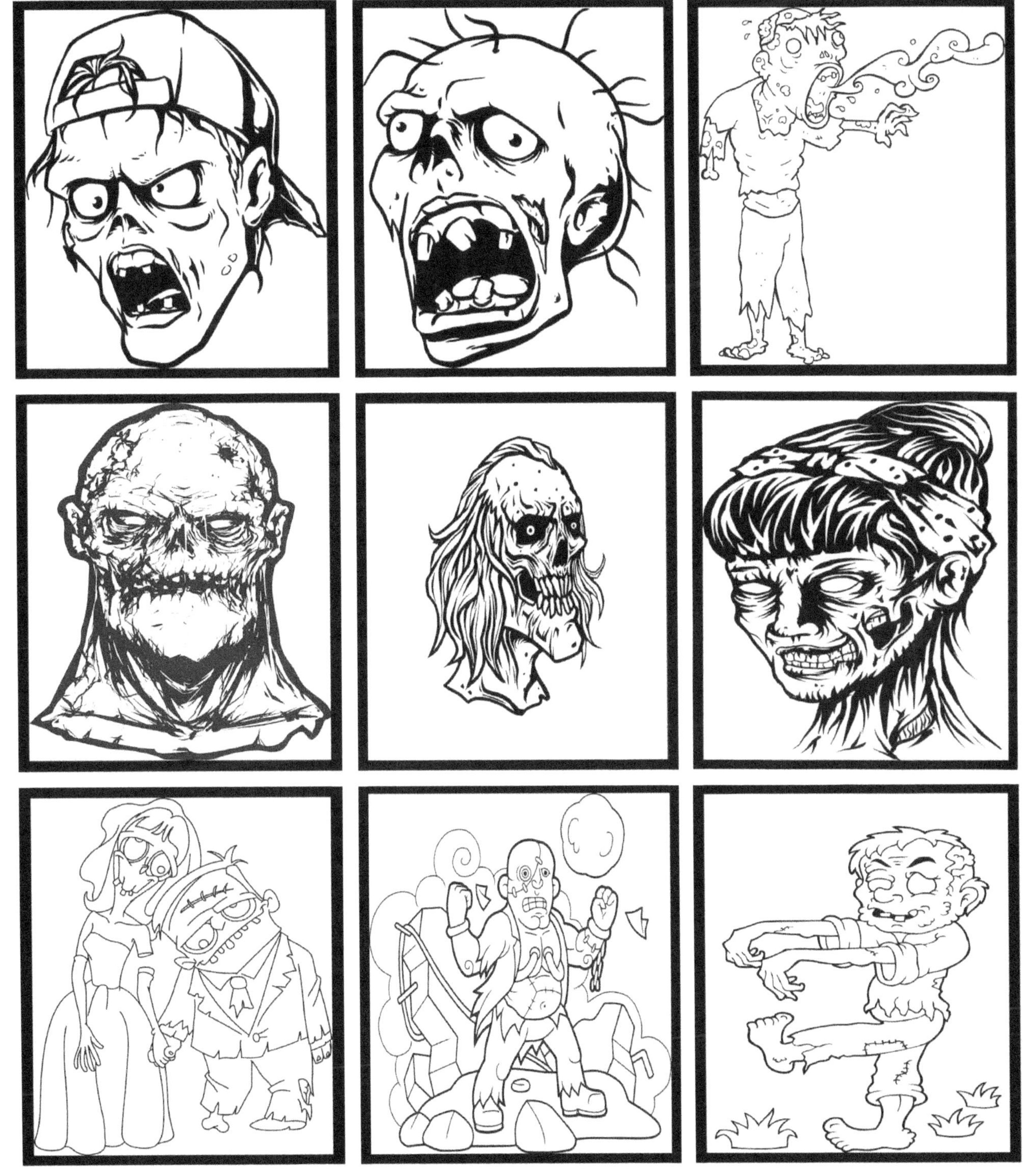

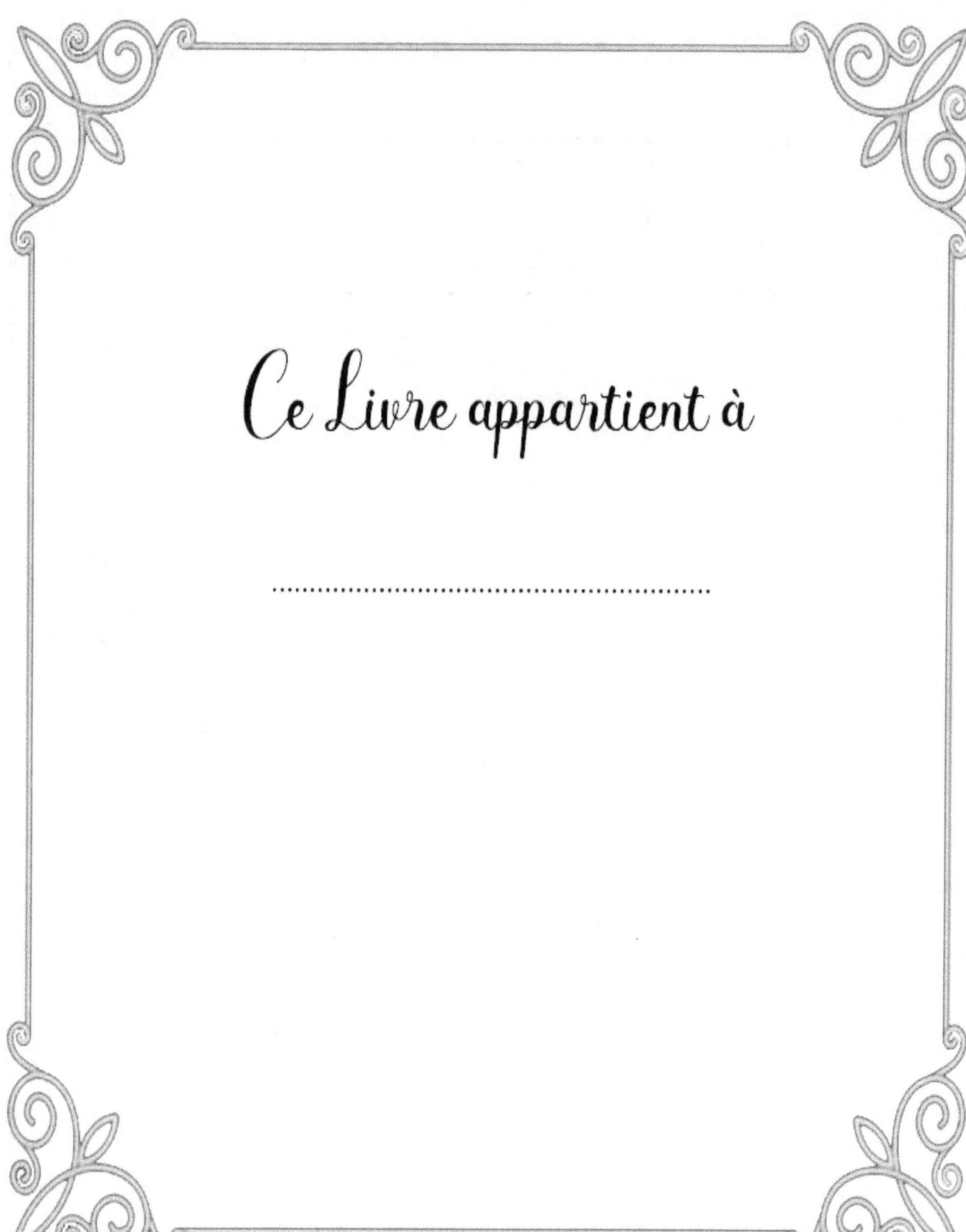

Ce Livre appartient à

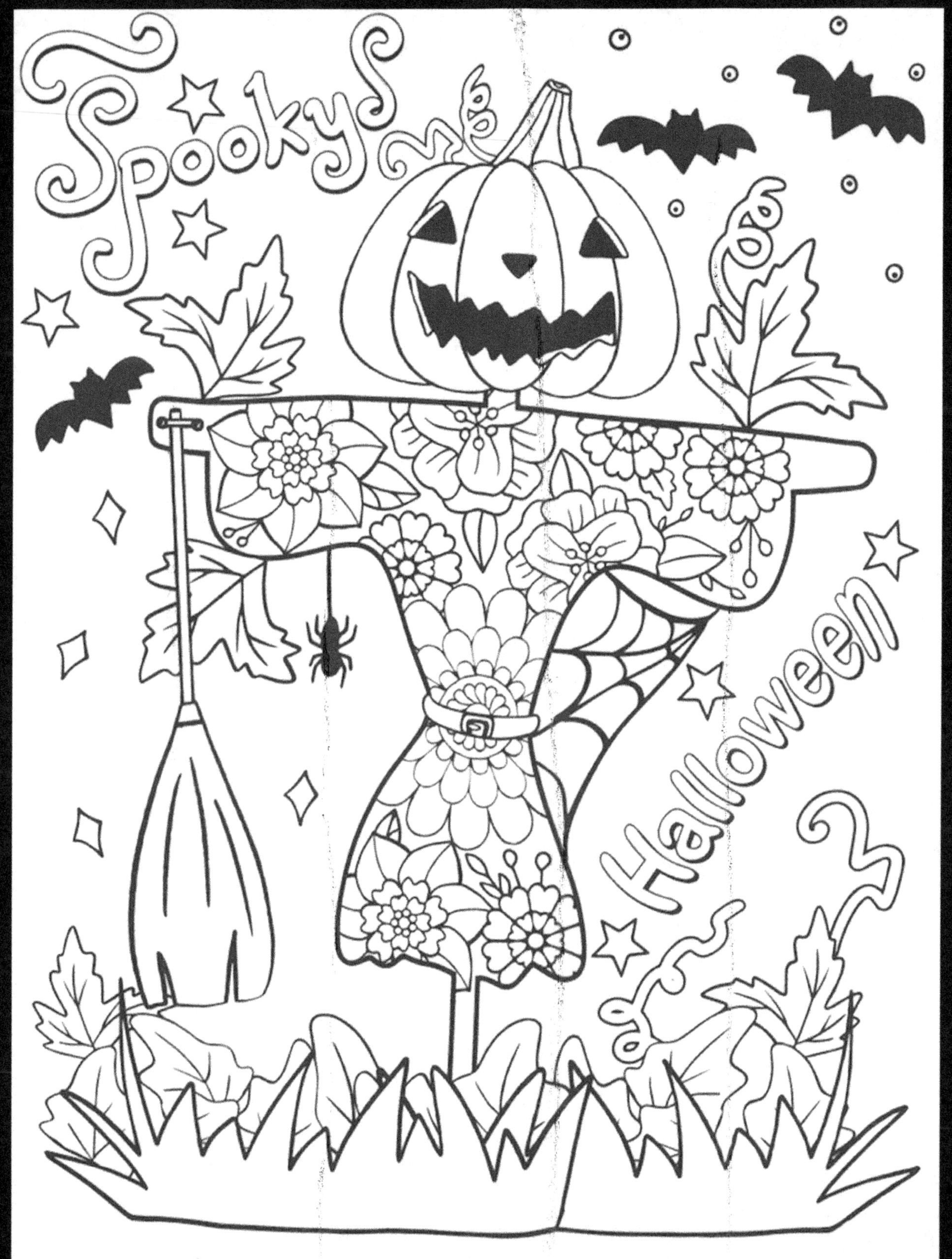
Spooky
Halloween

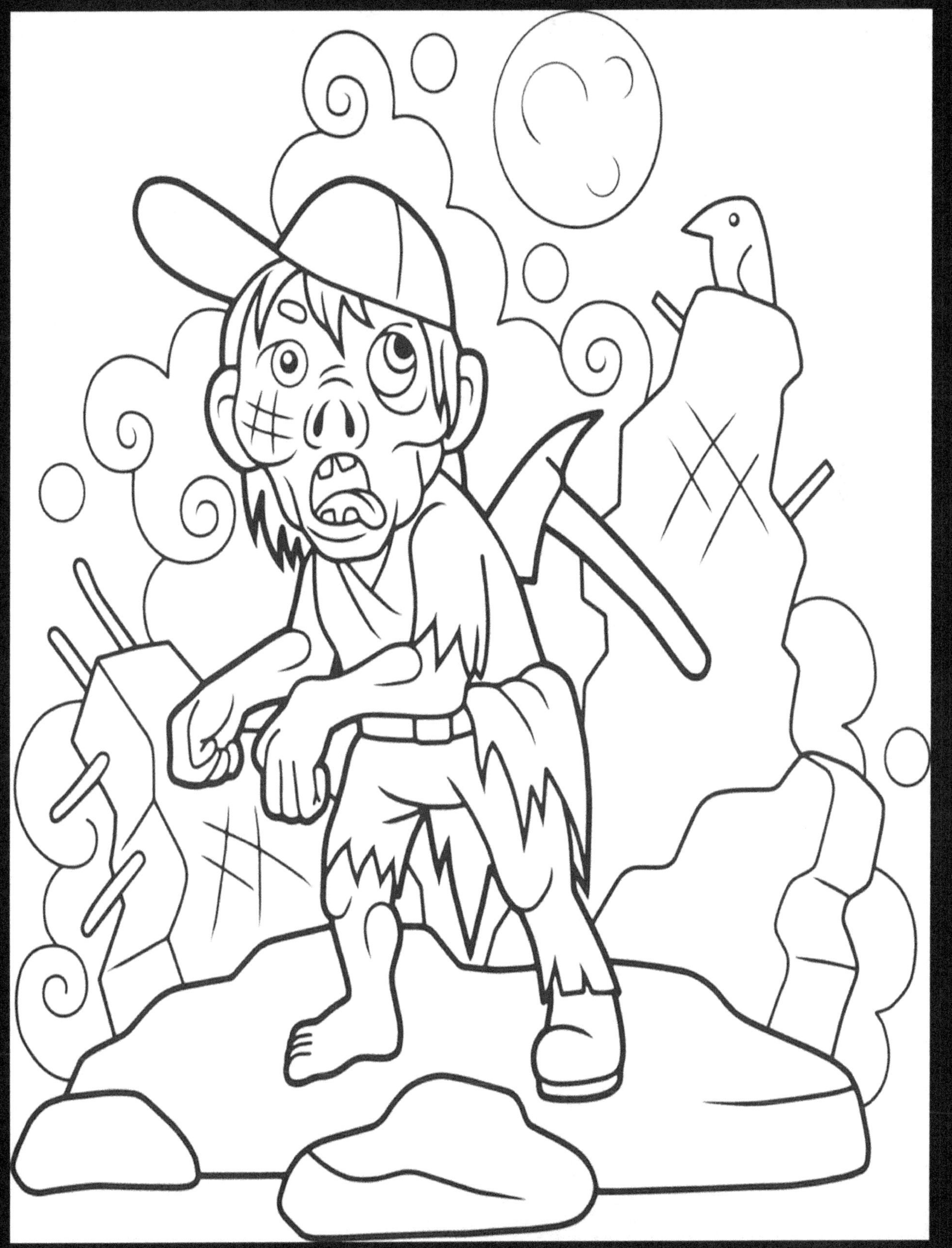

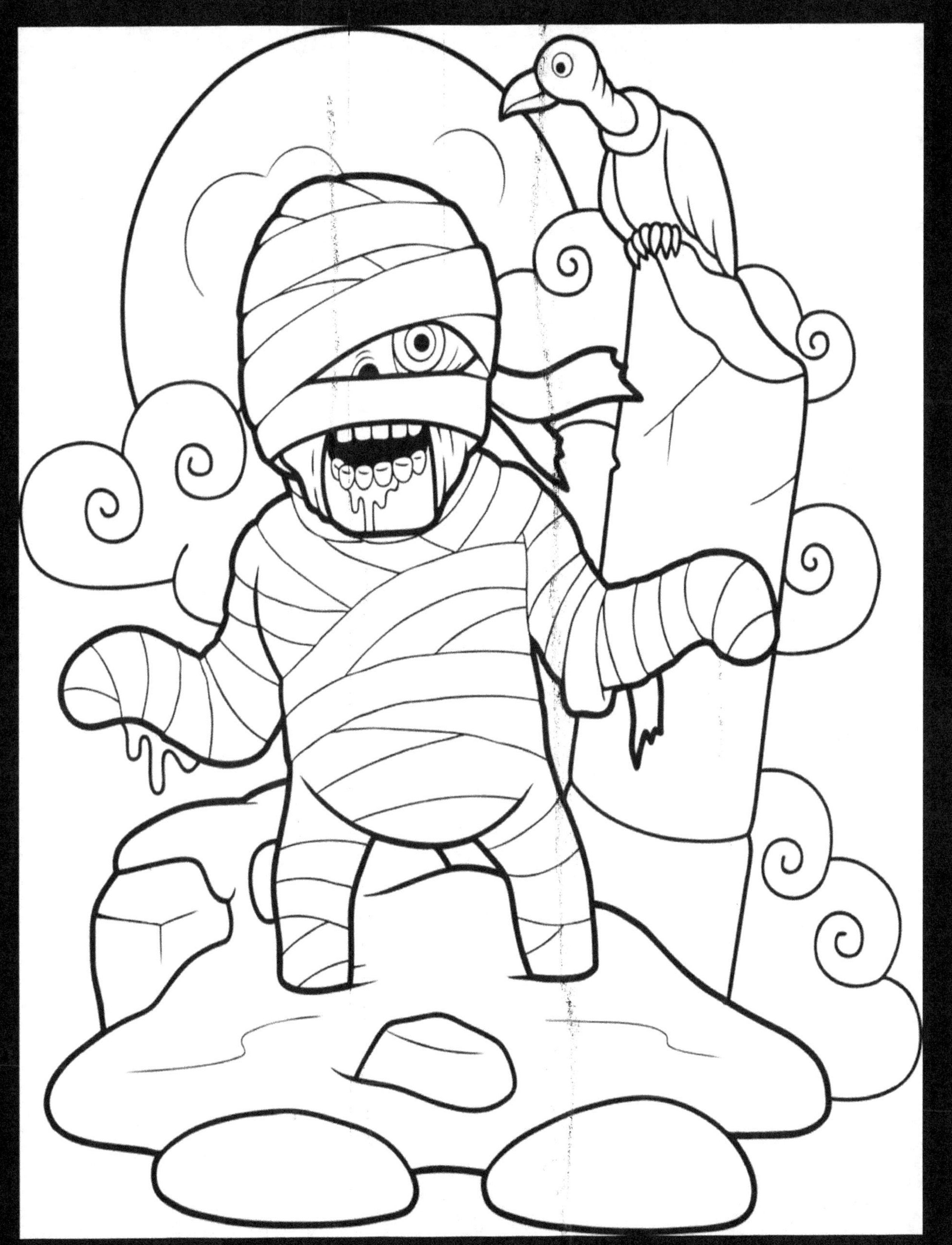

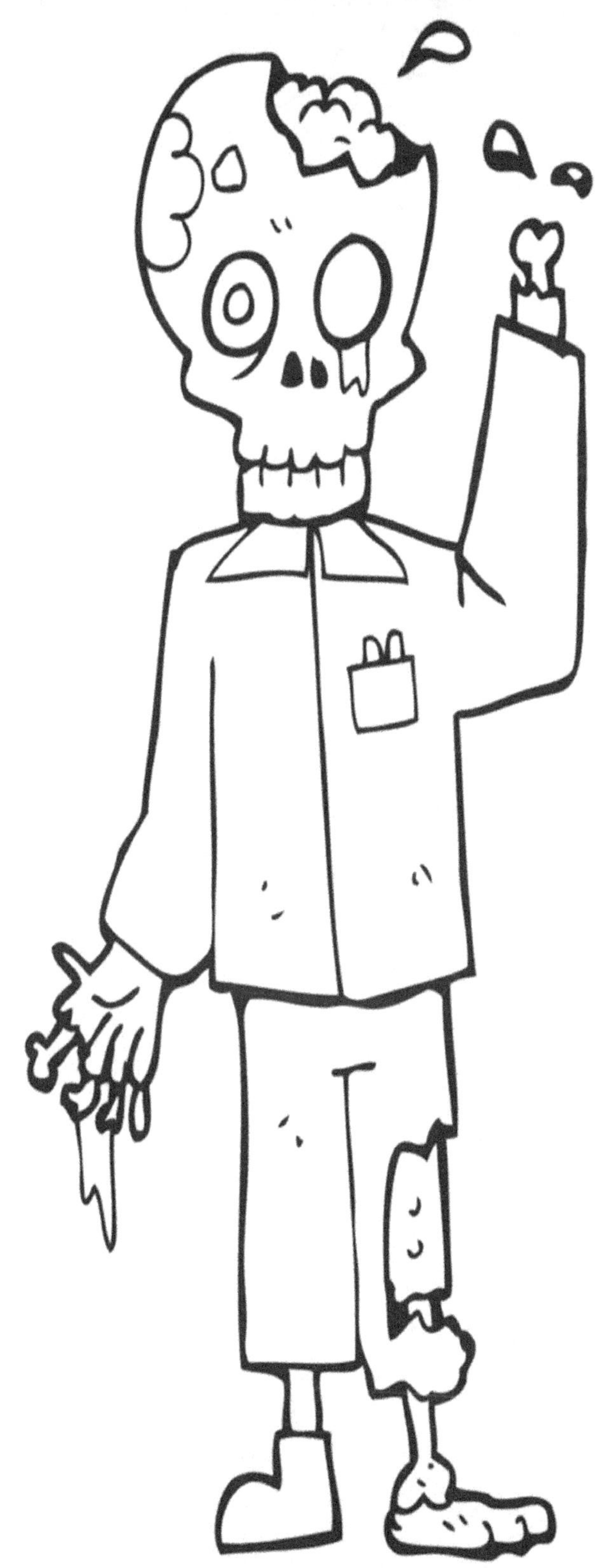

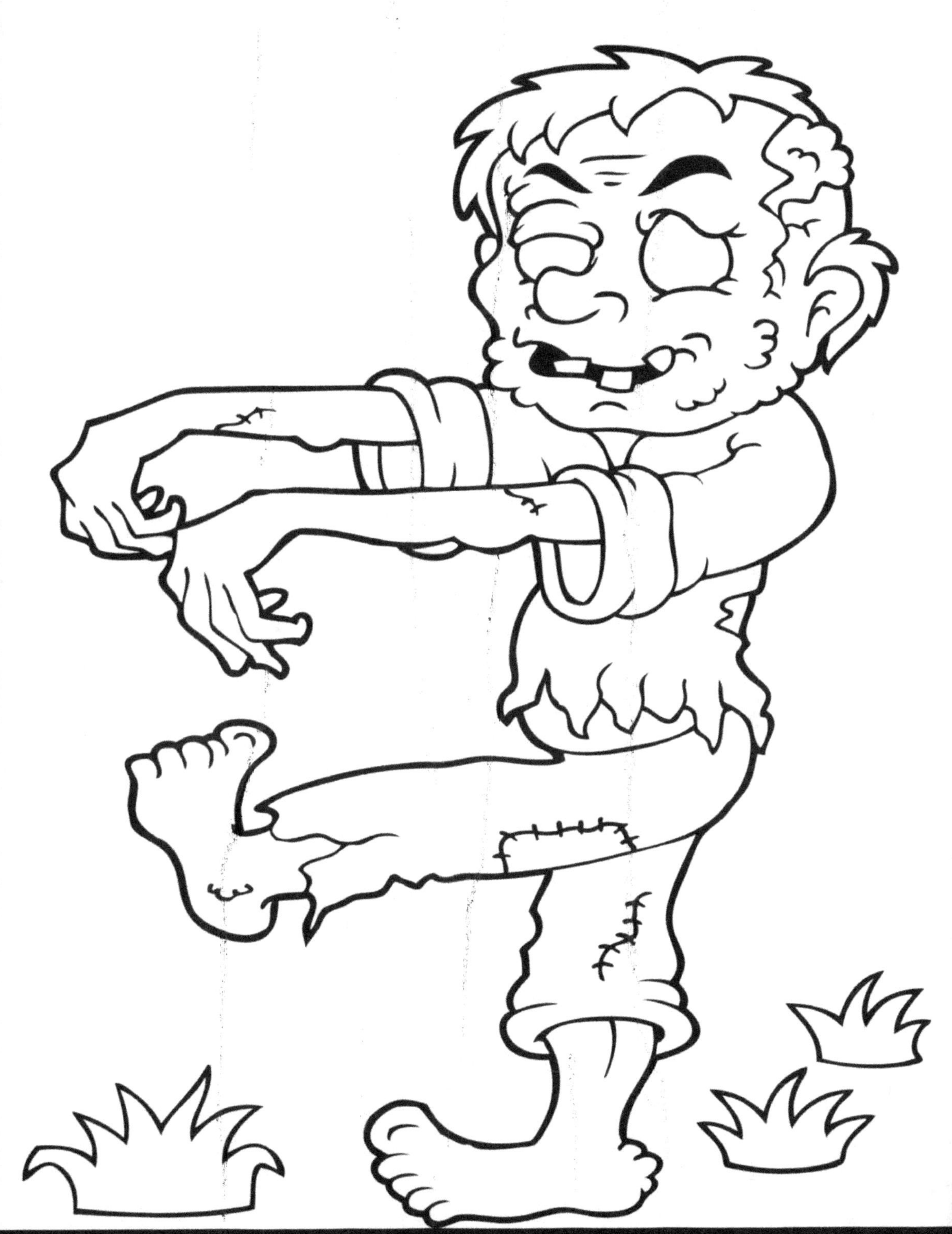

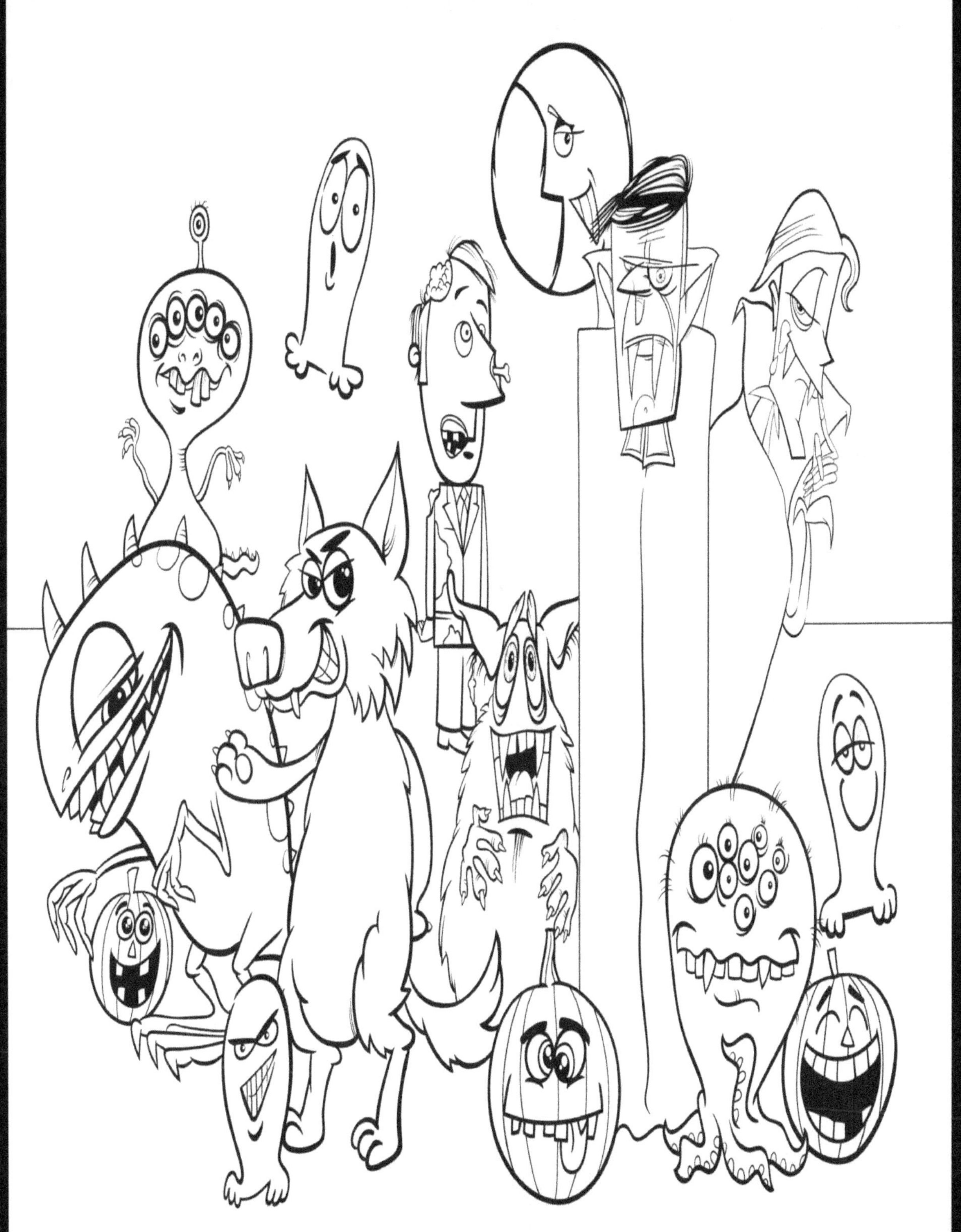

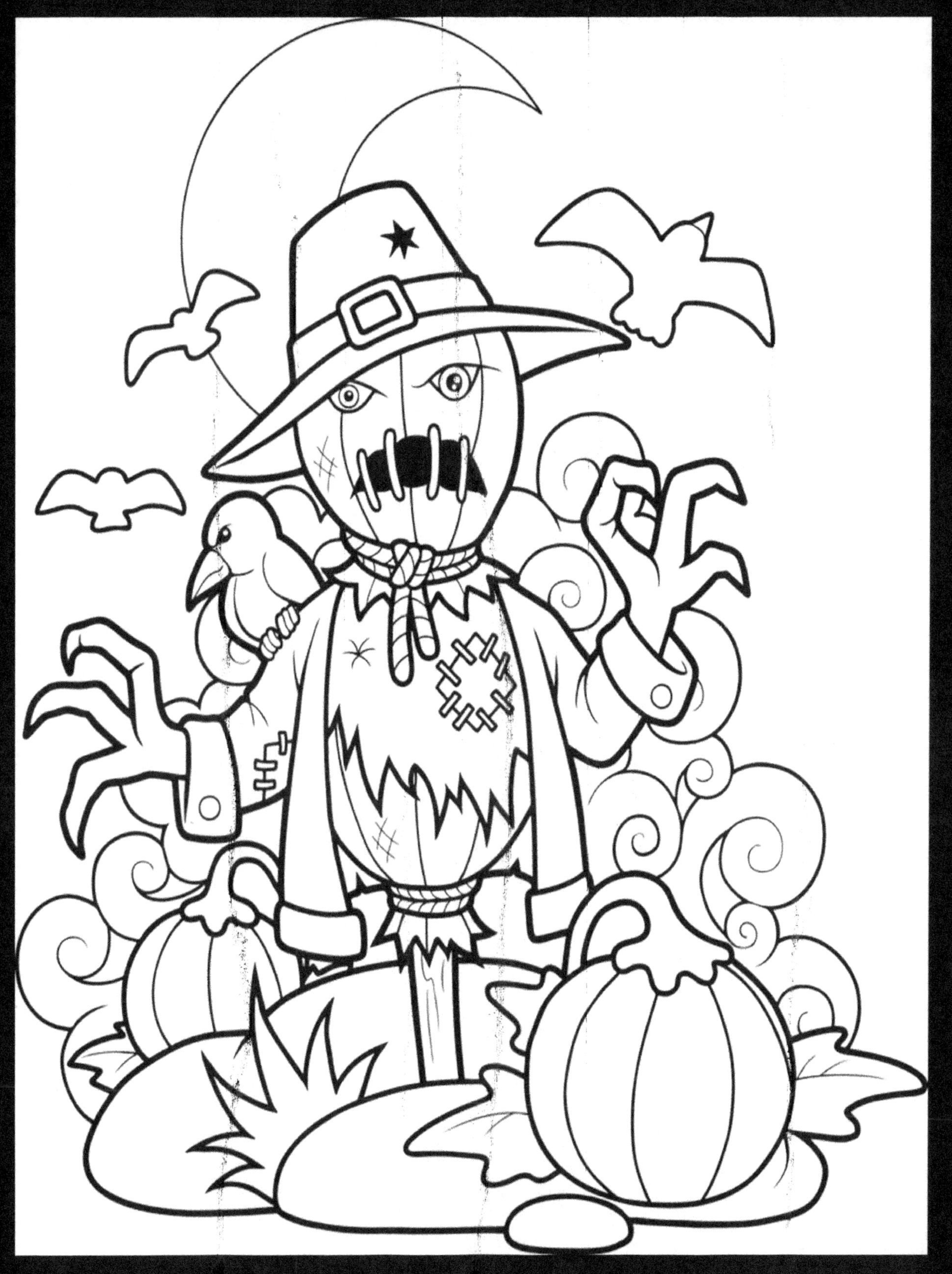

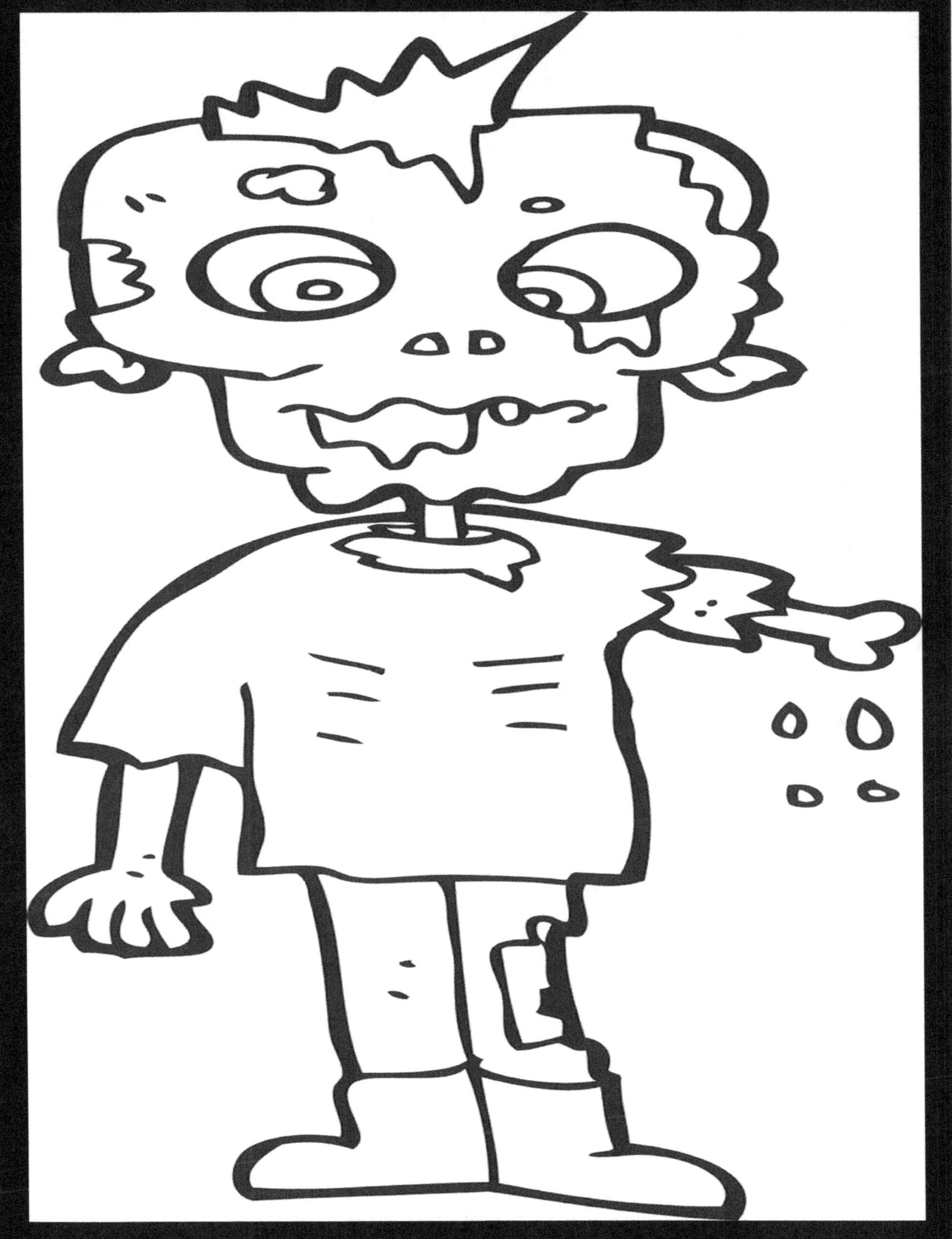

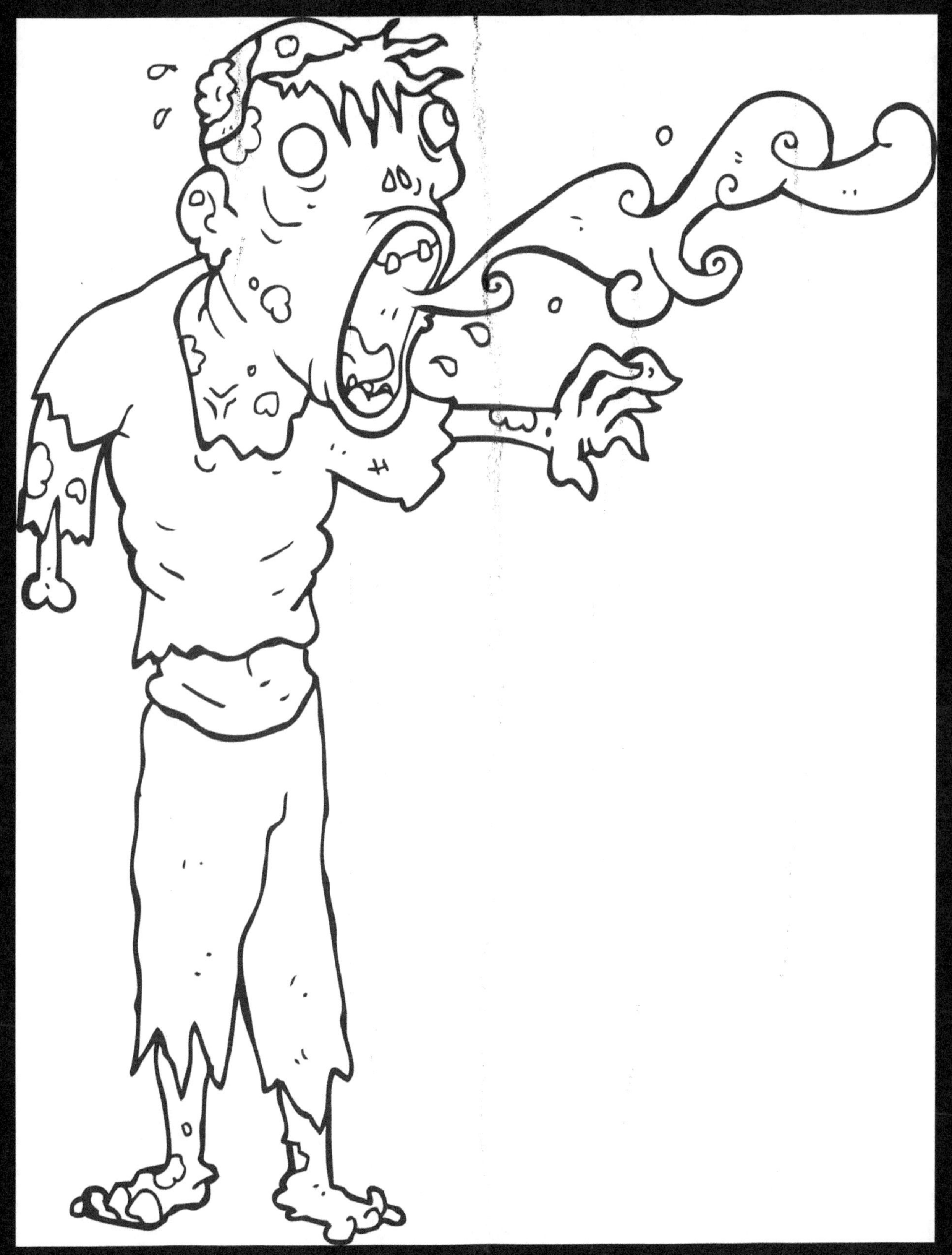

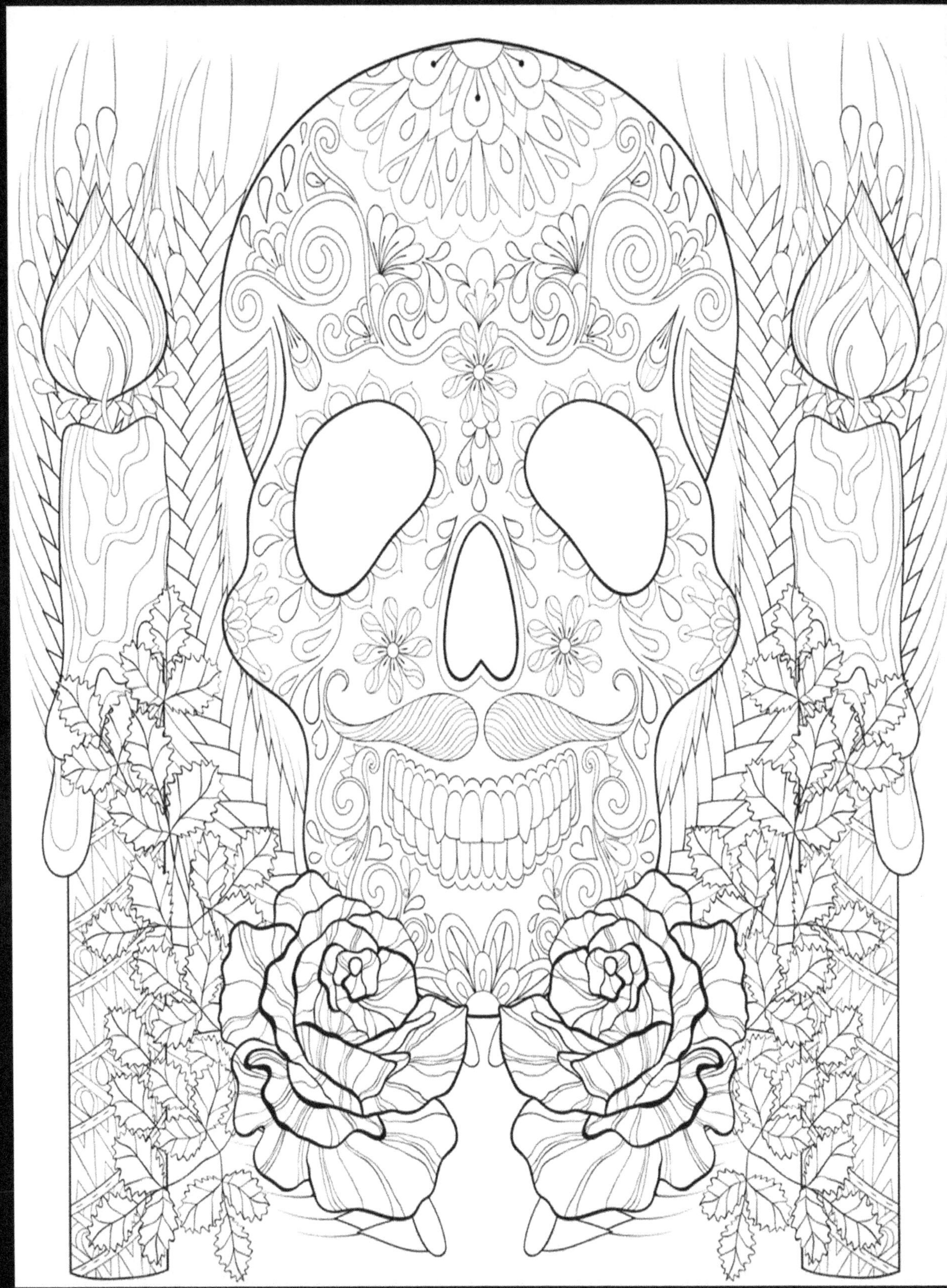

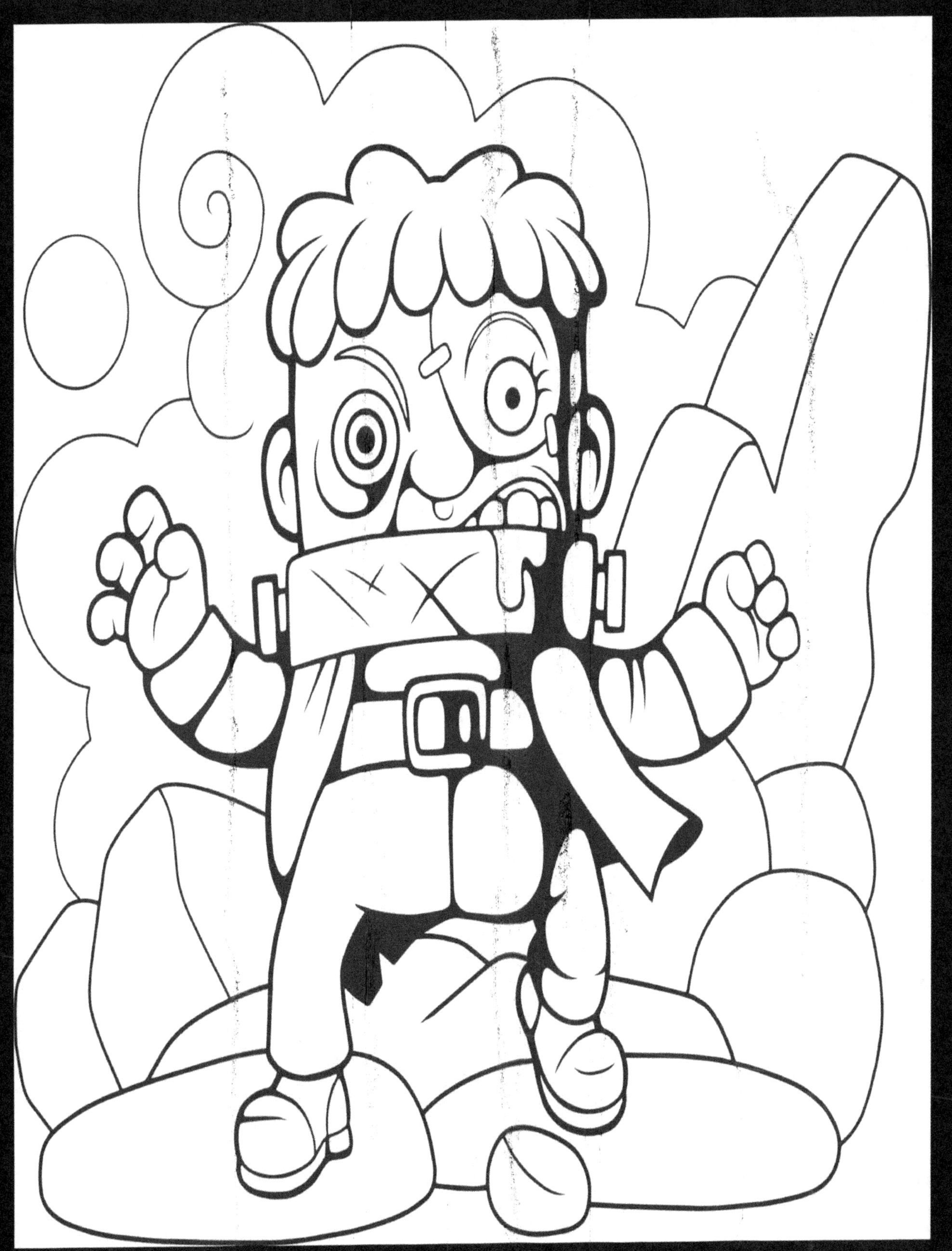

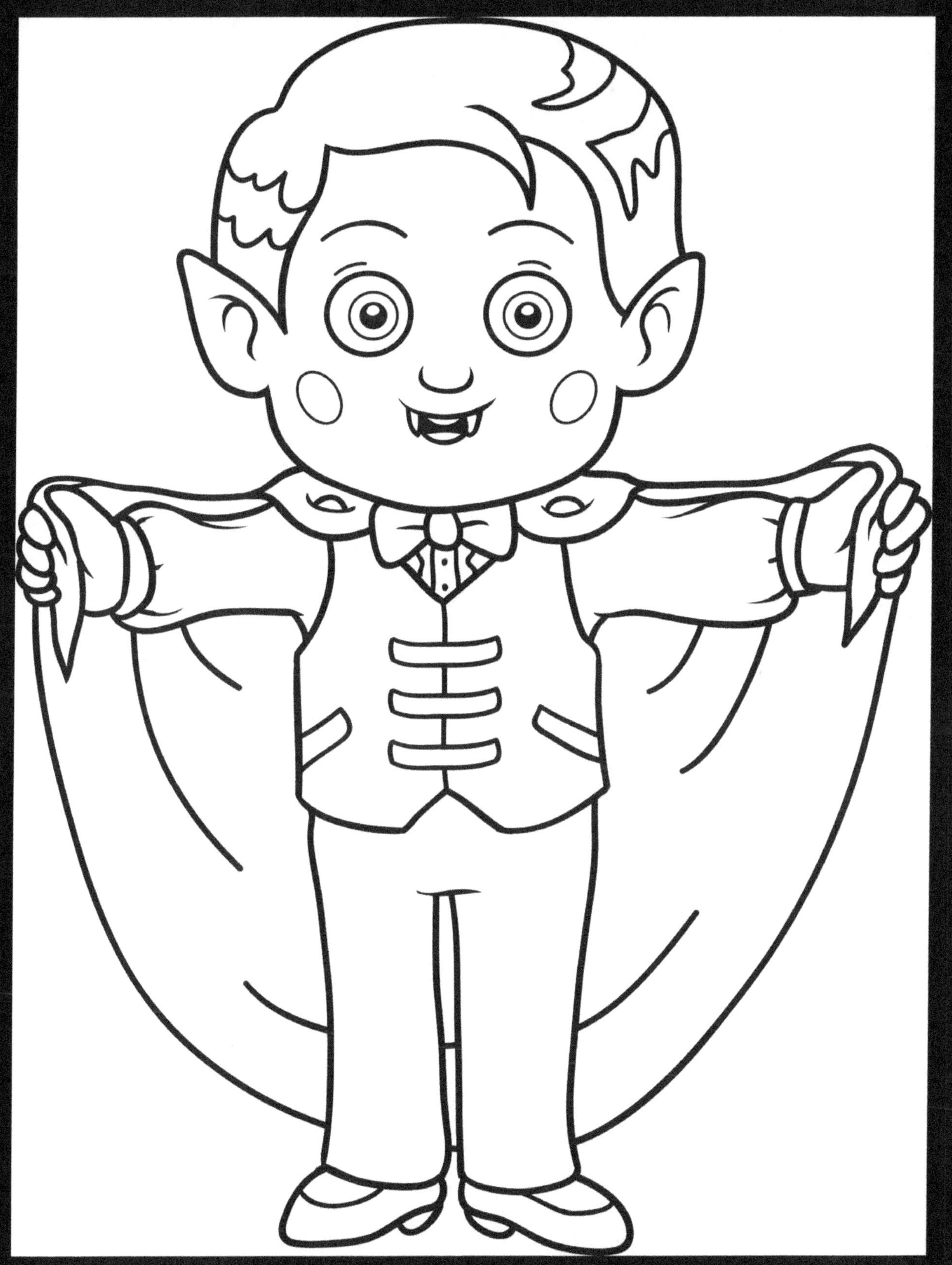

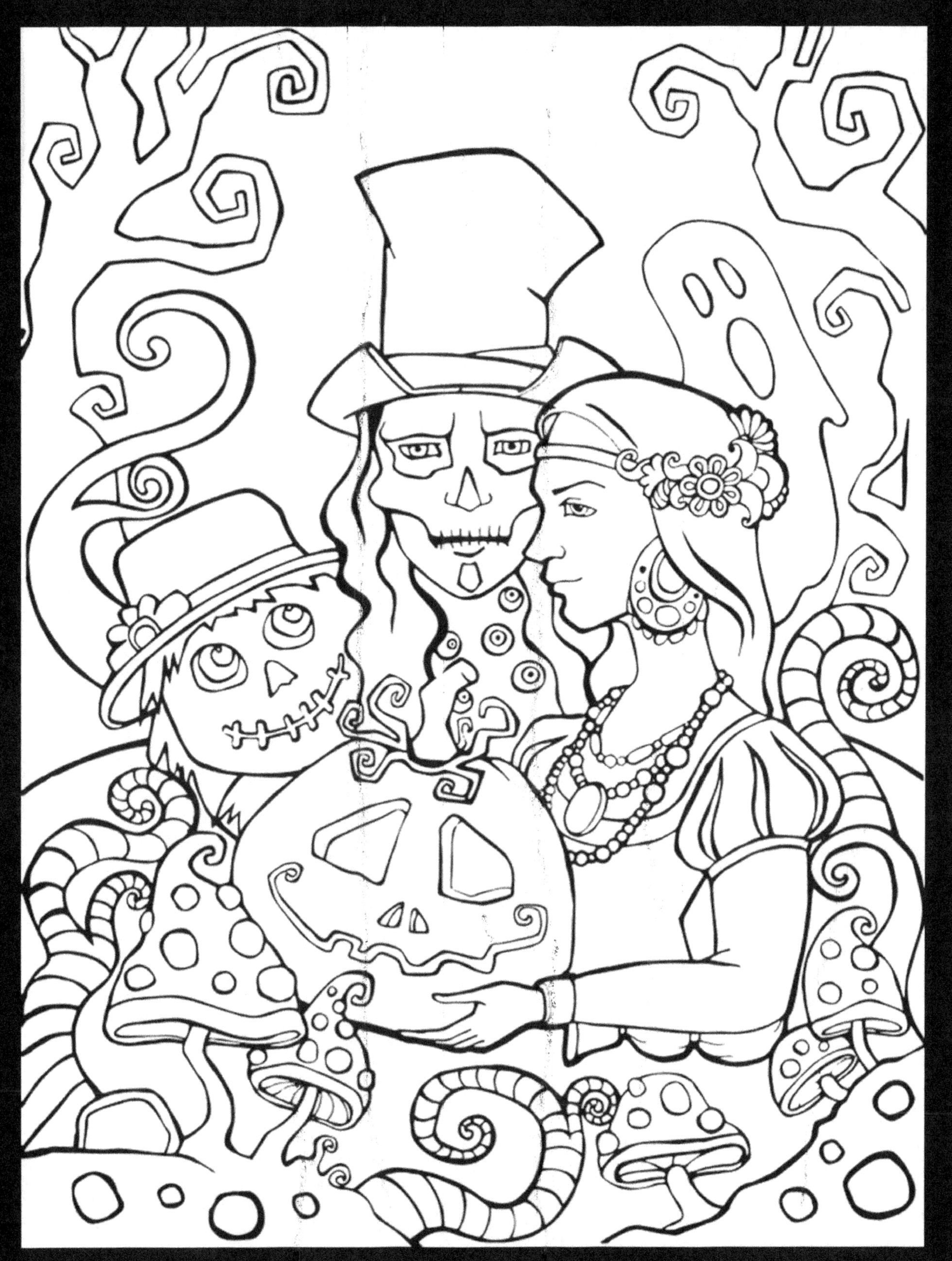

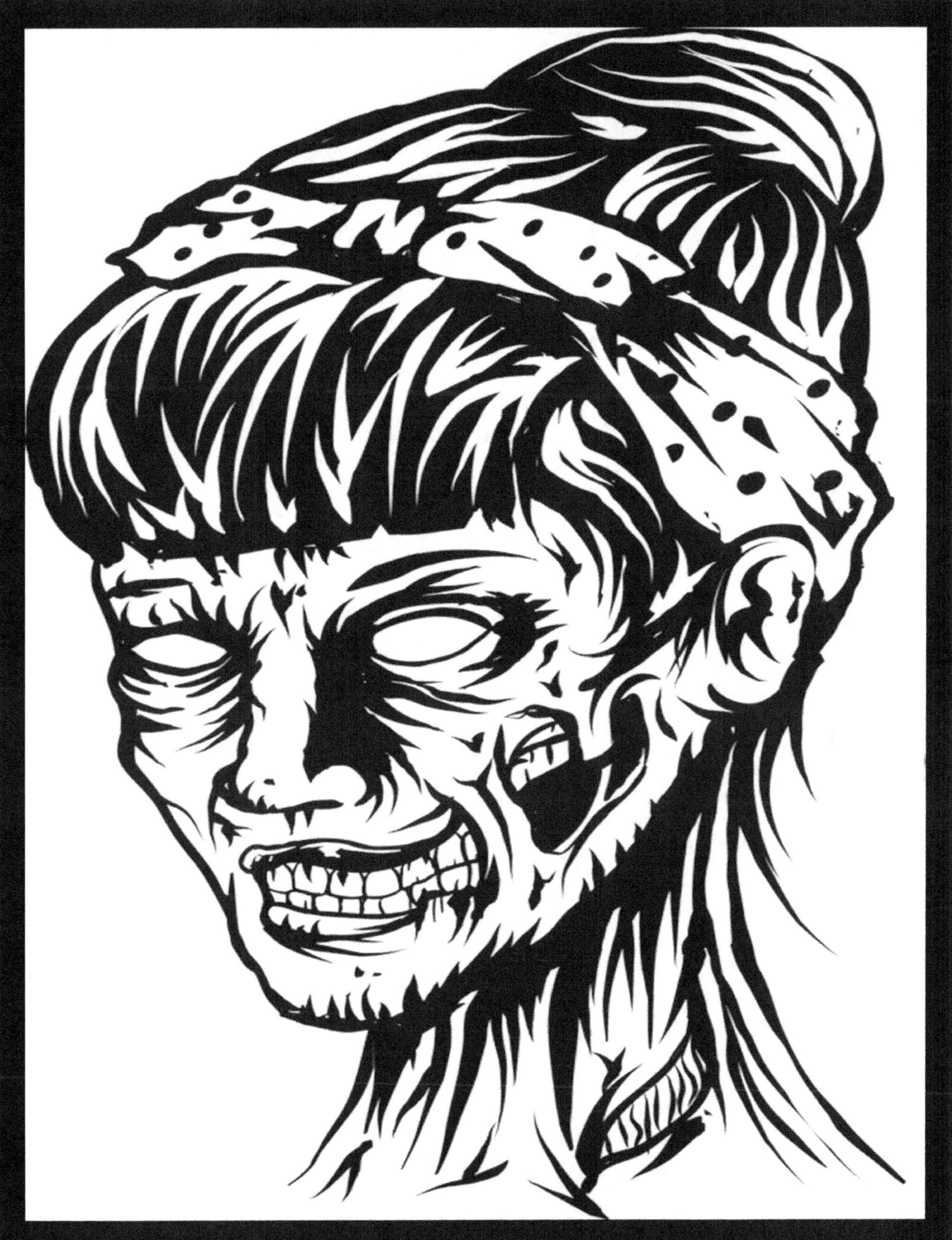

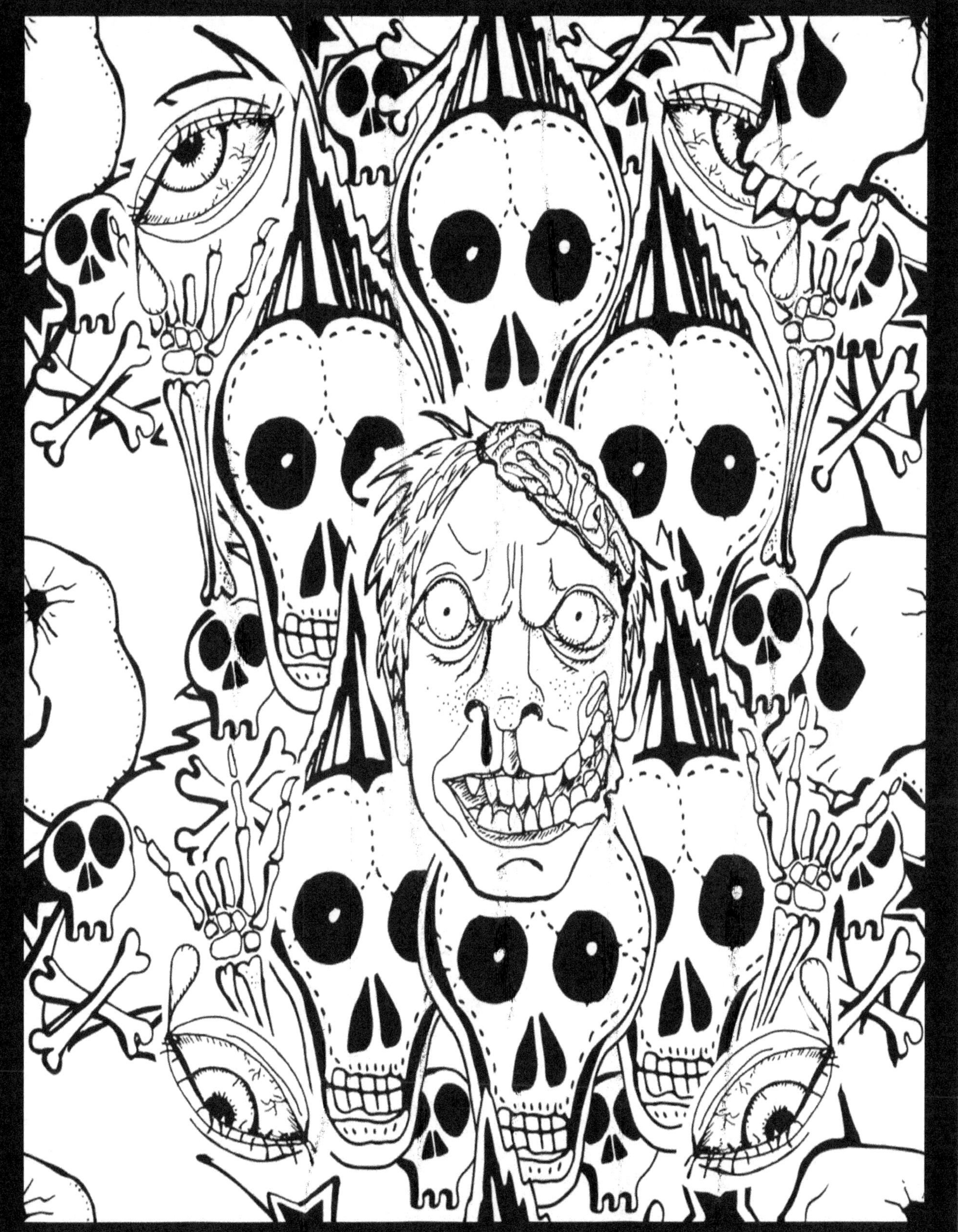

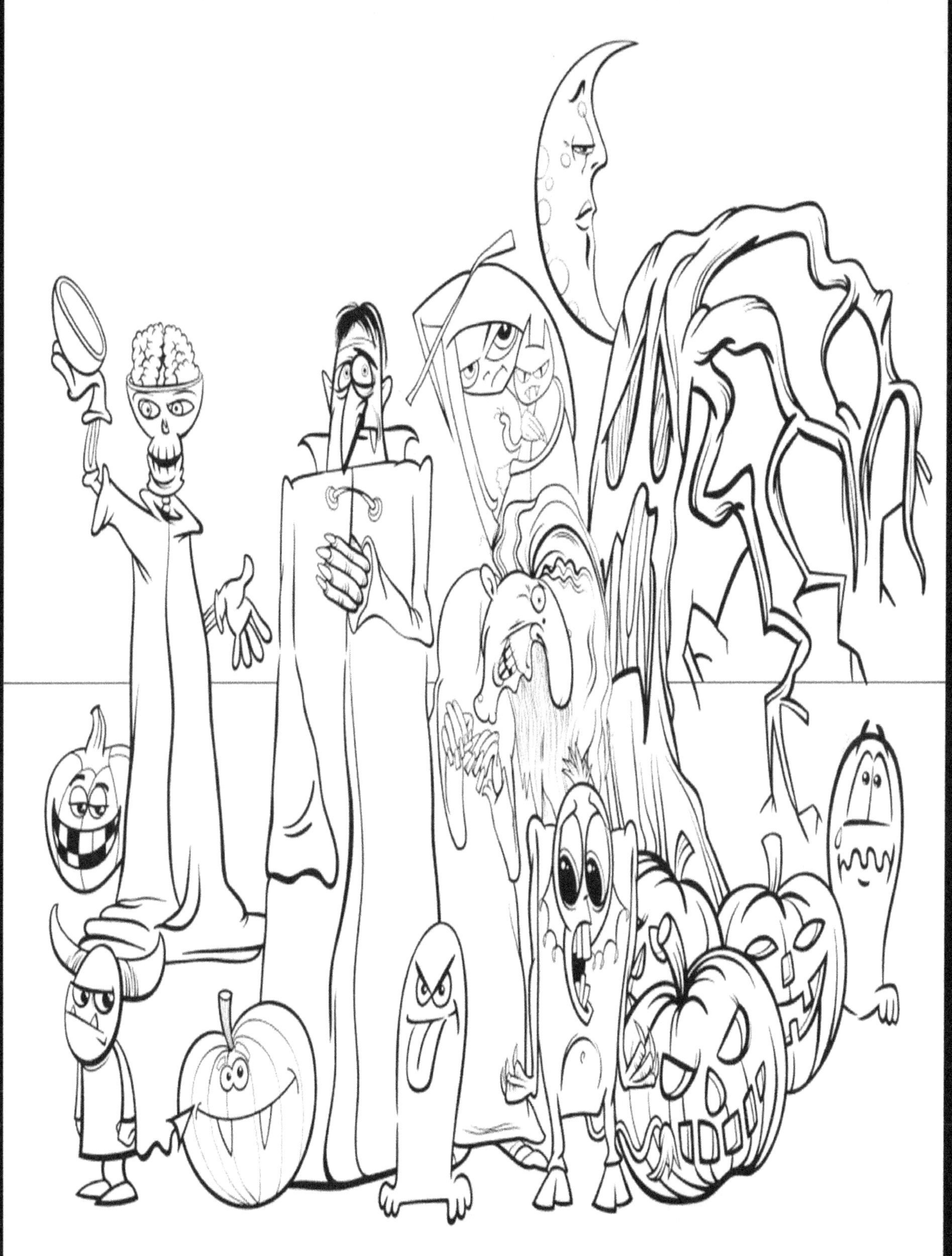

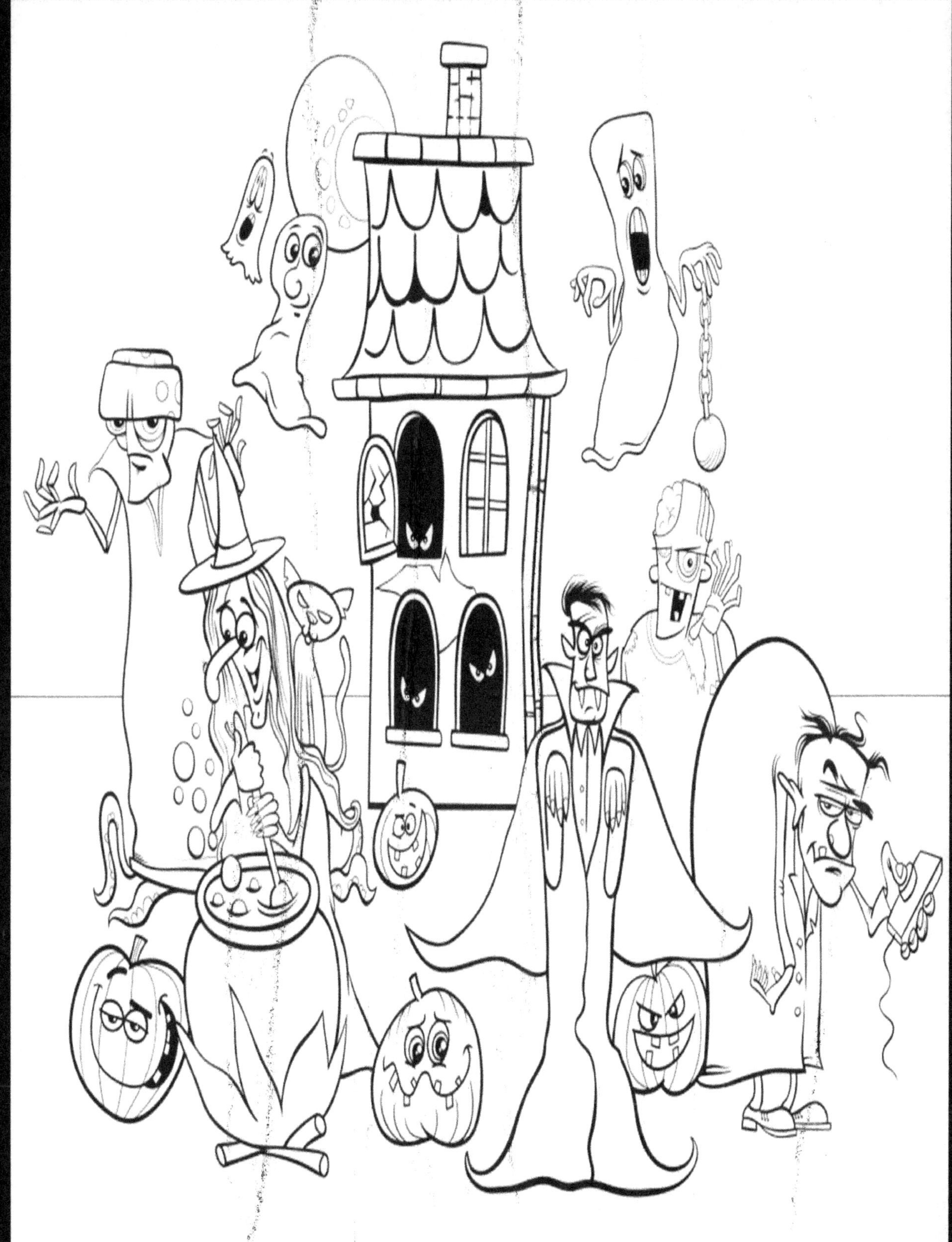

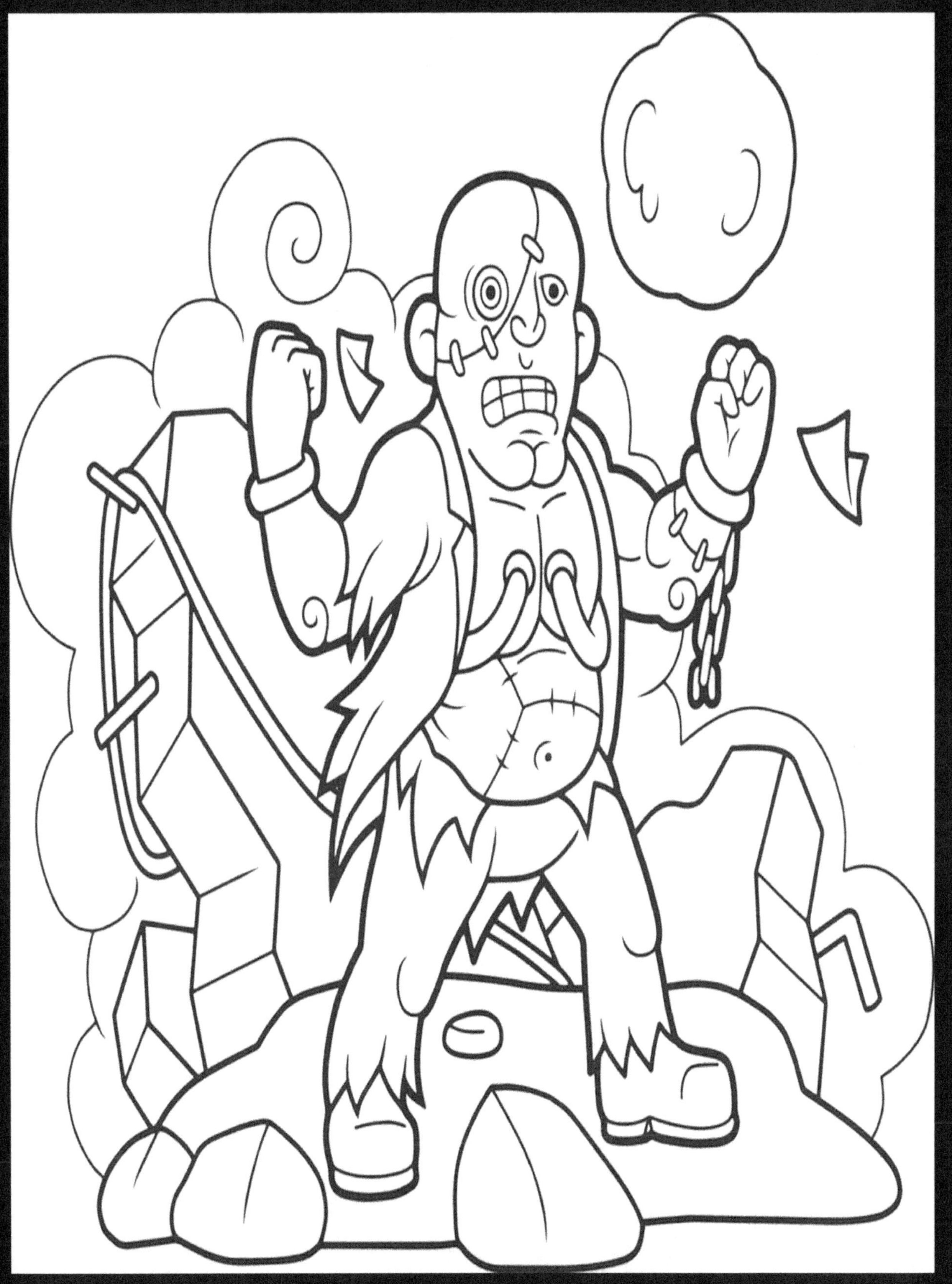

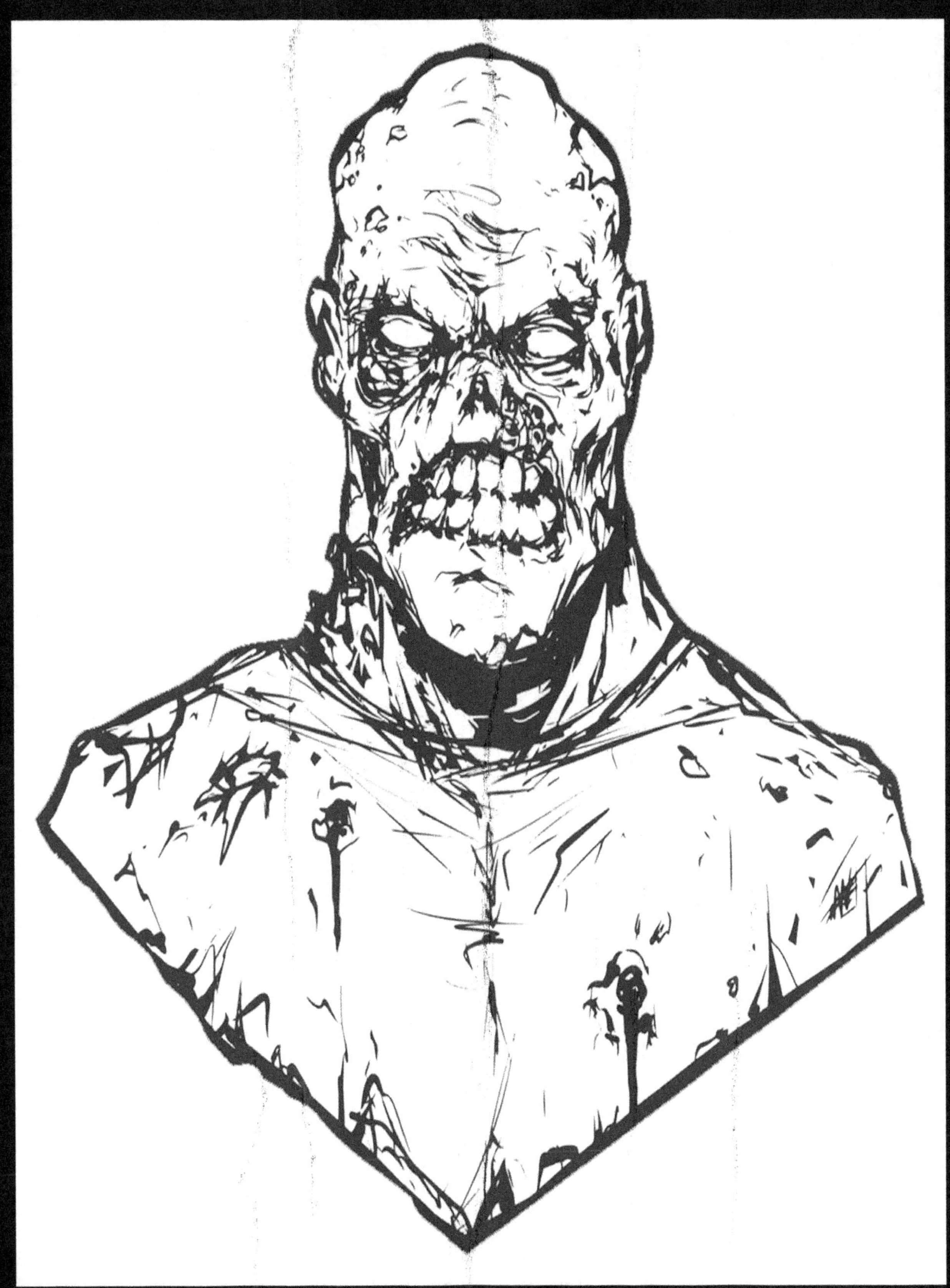

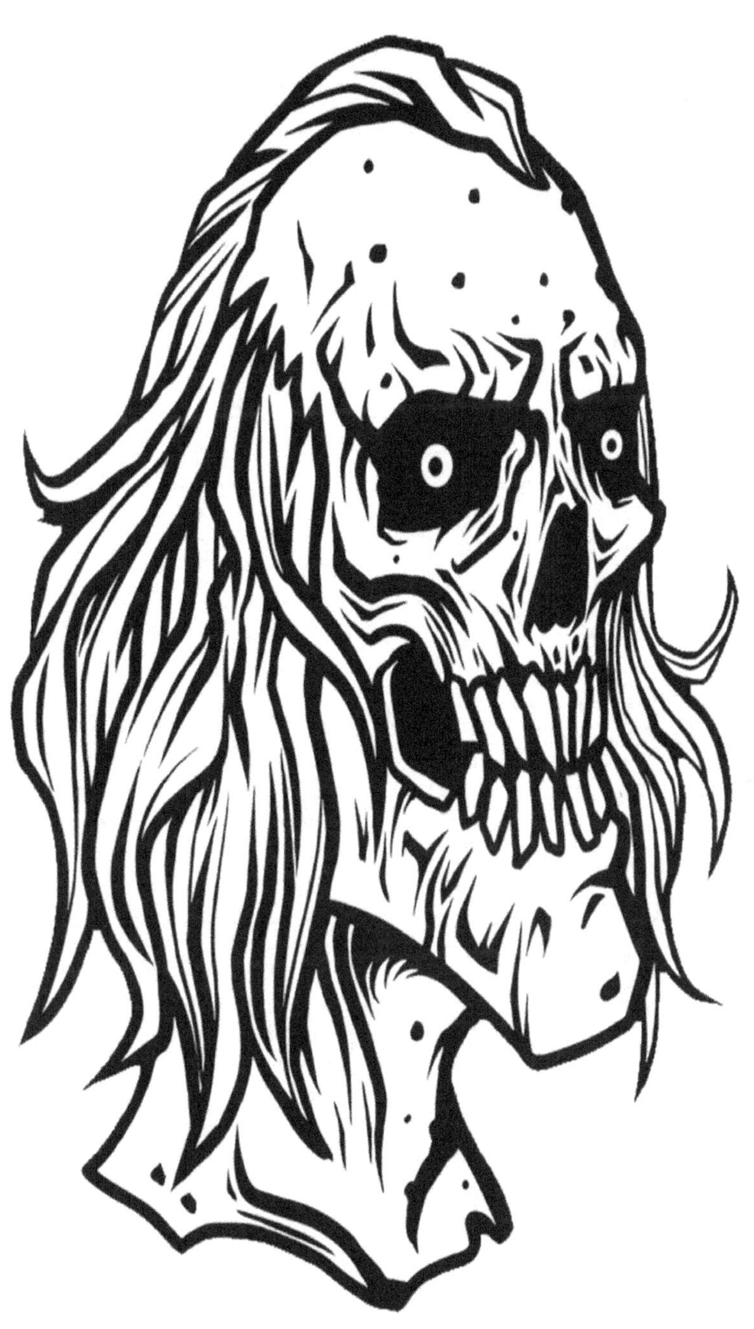

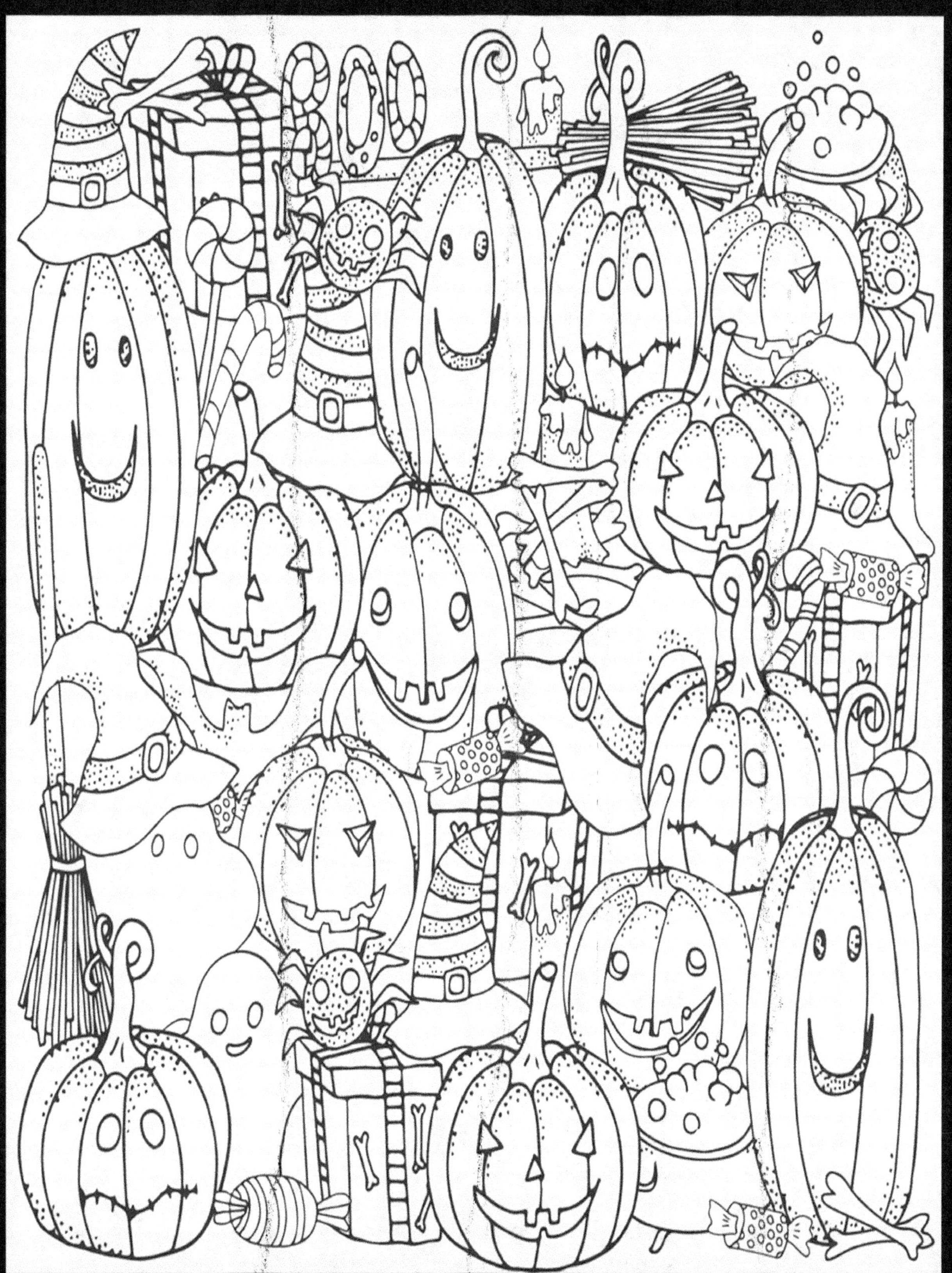

BOO

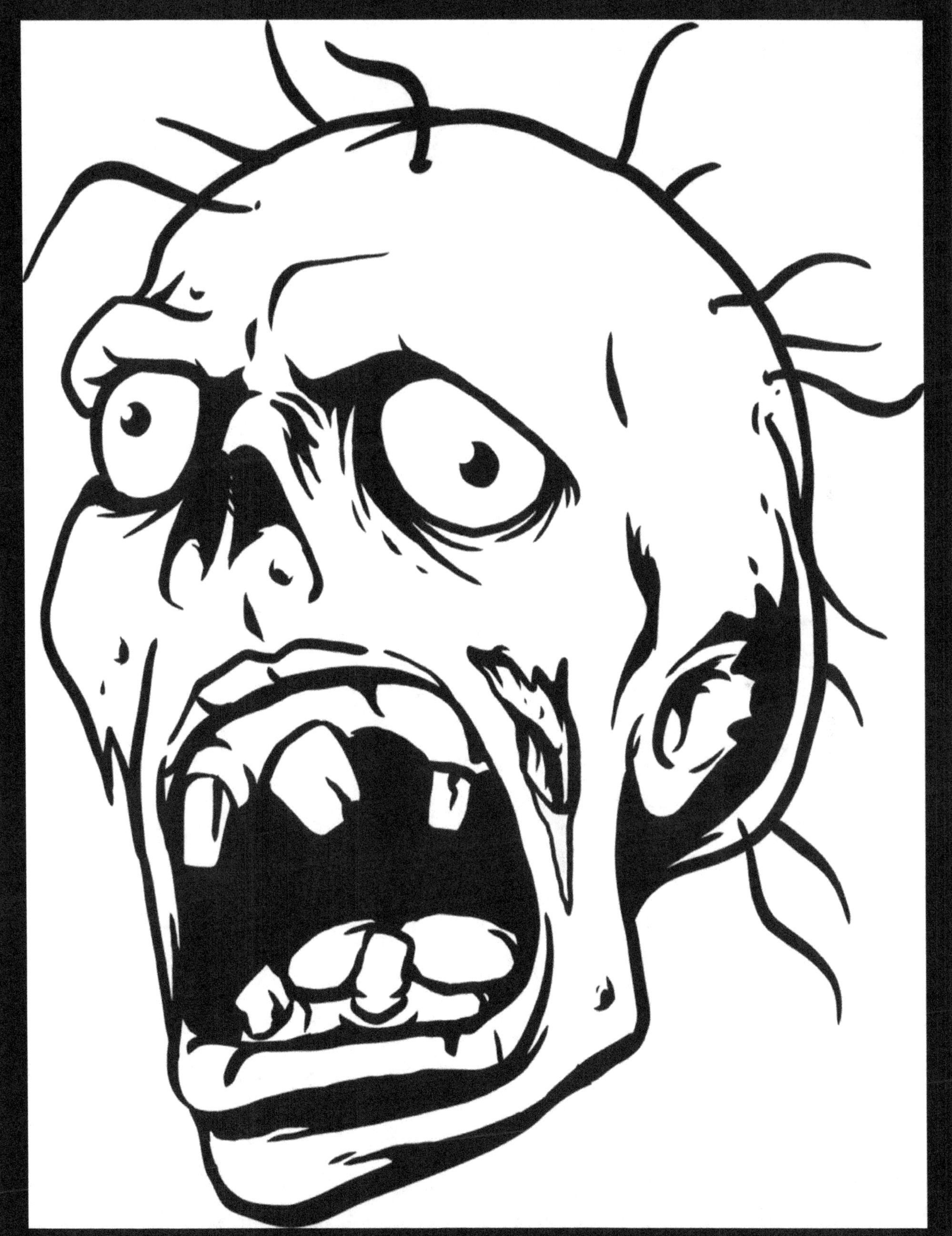

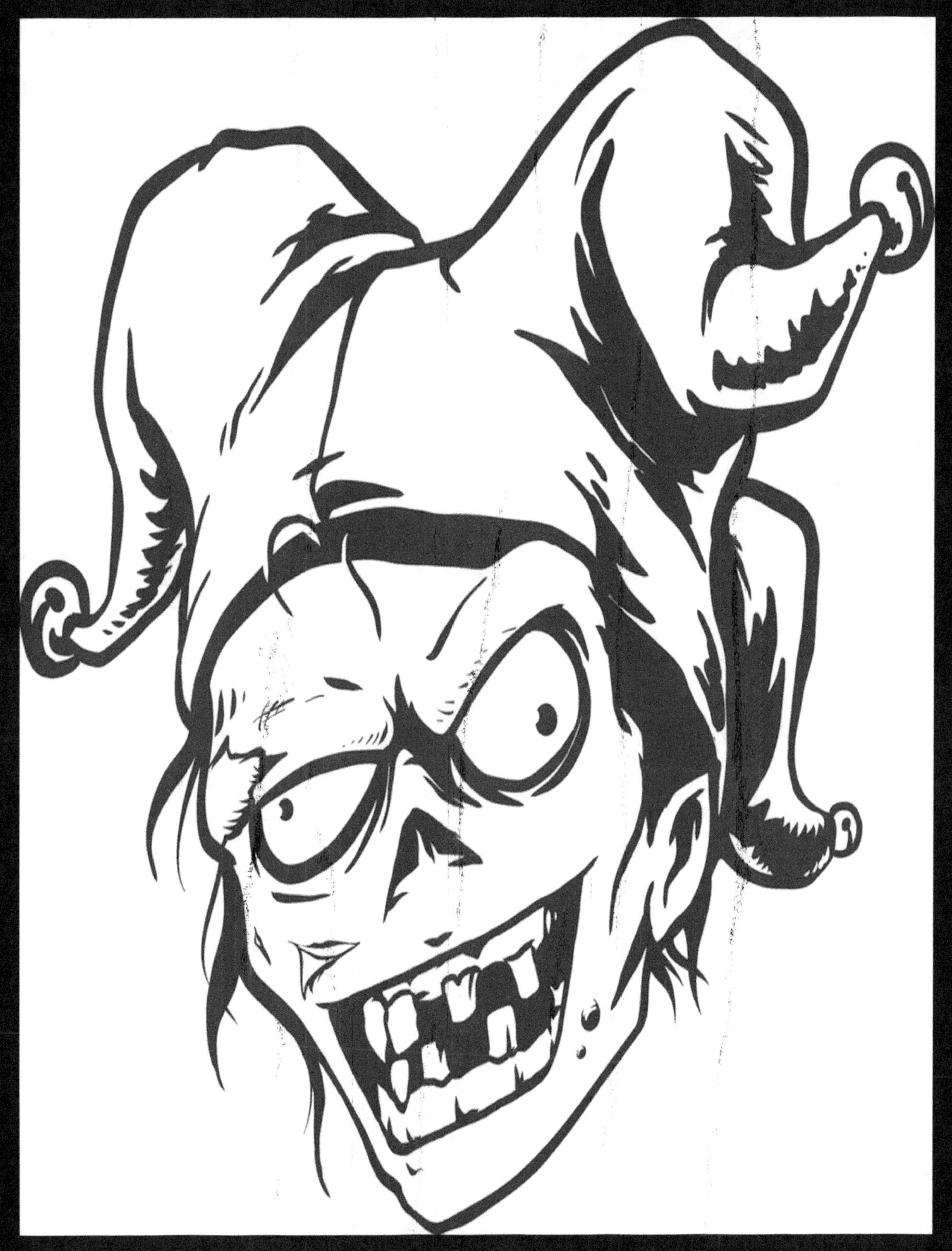

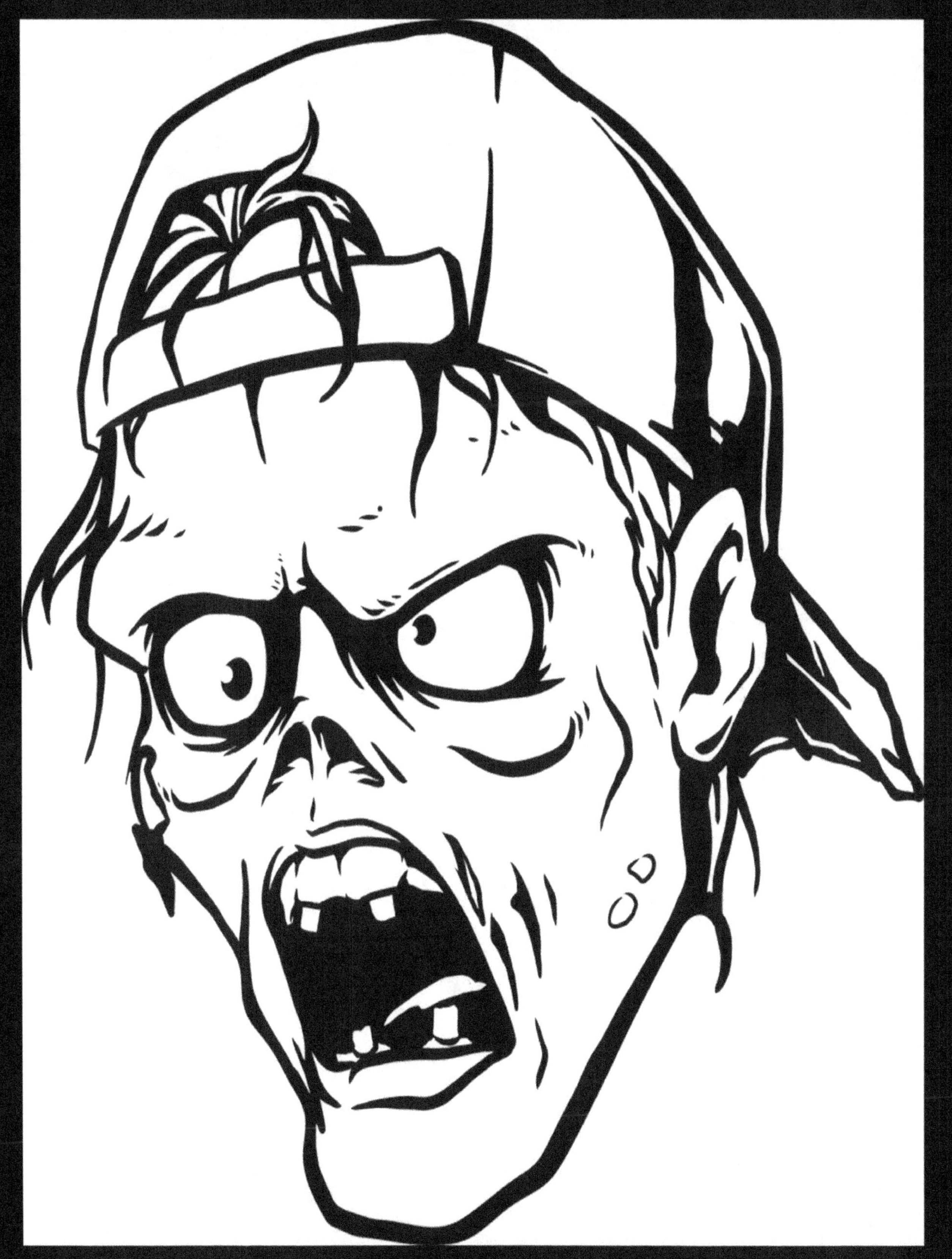

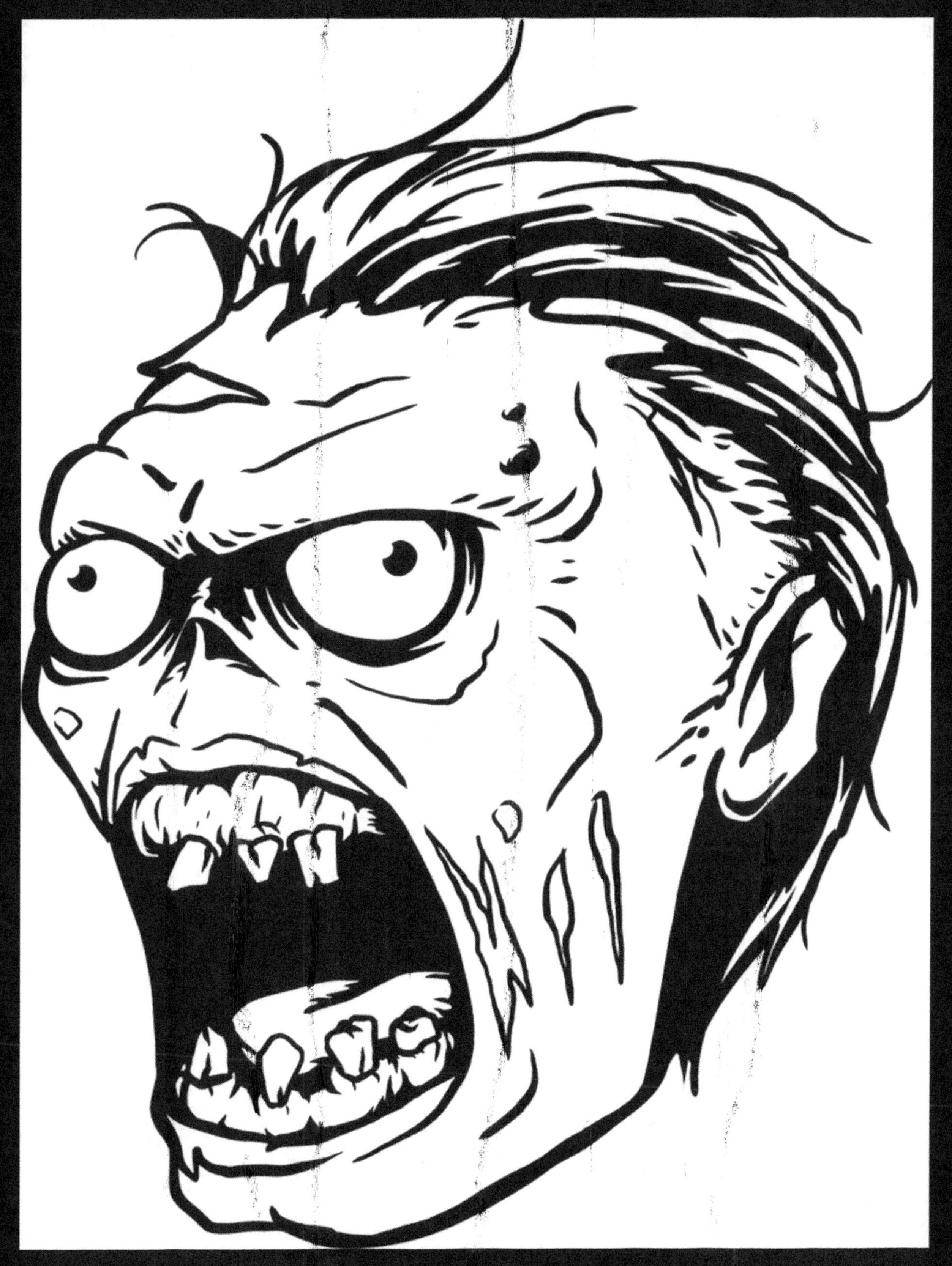

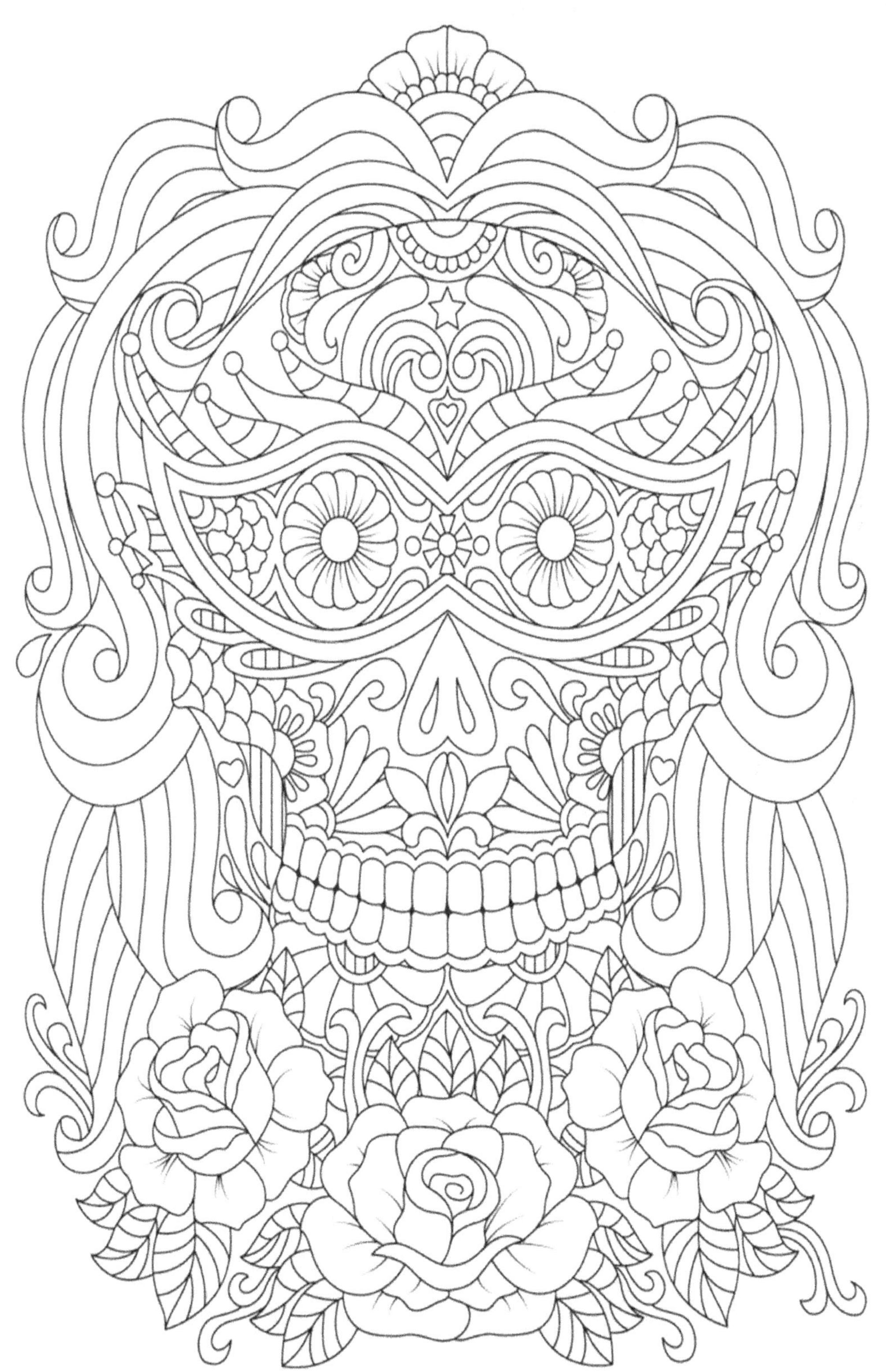

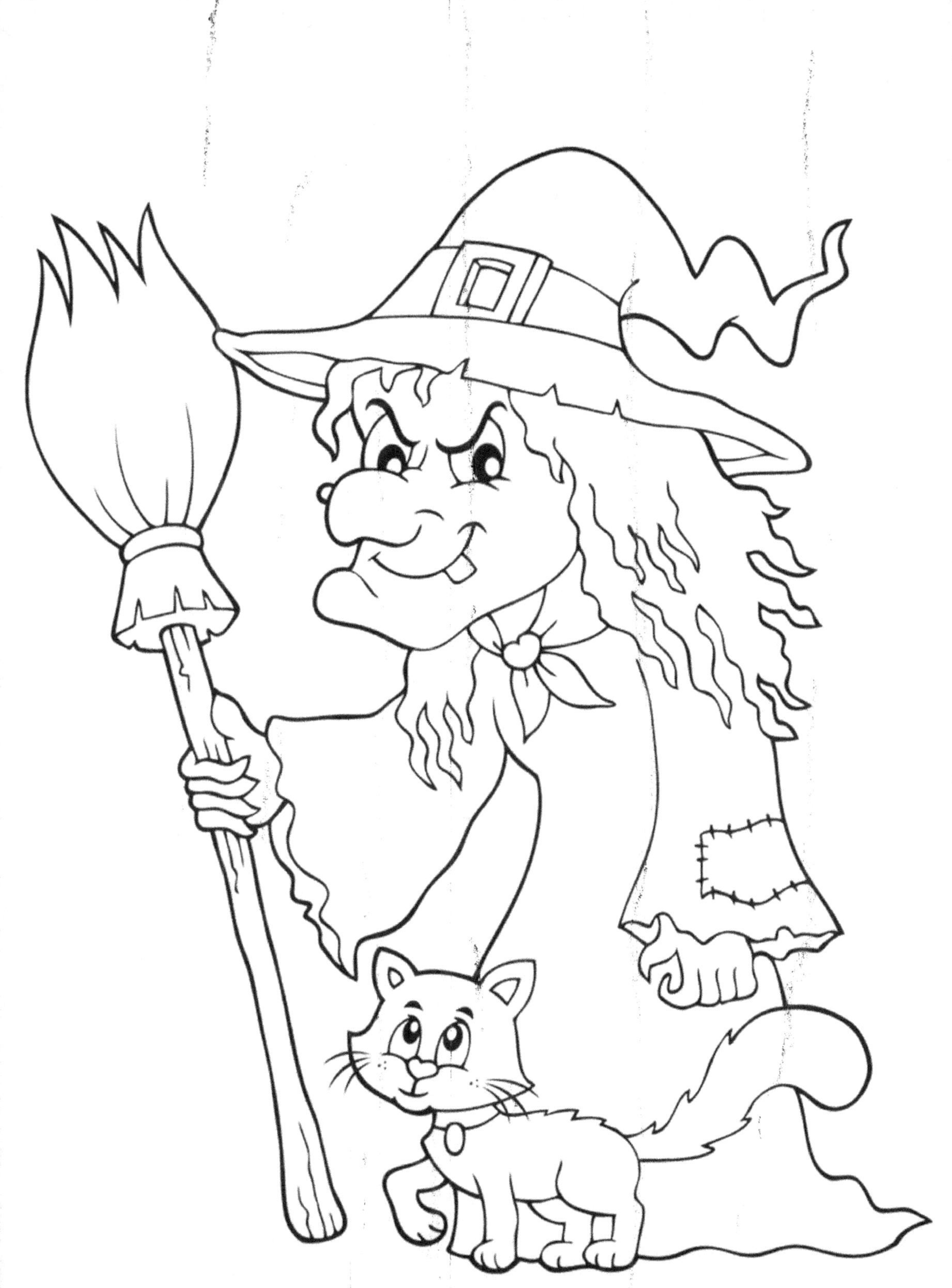

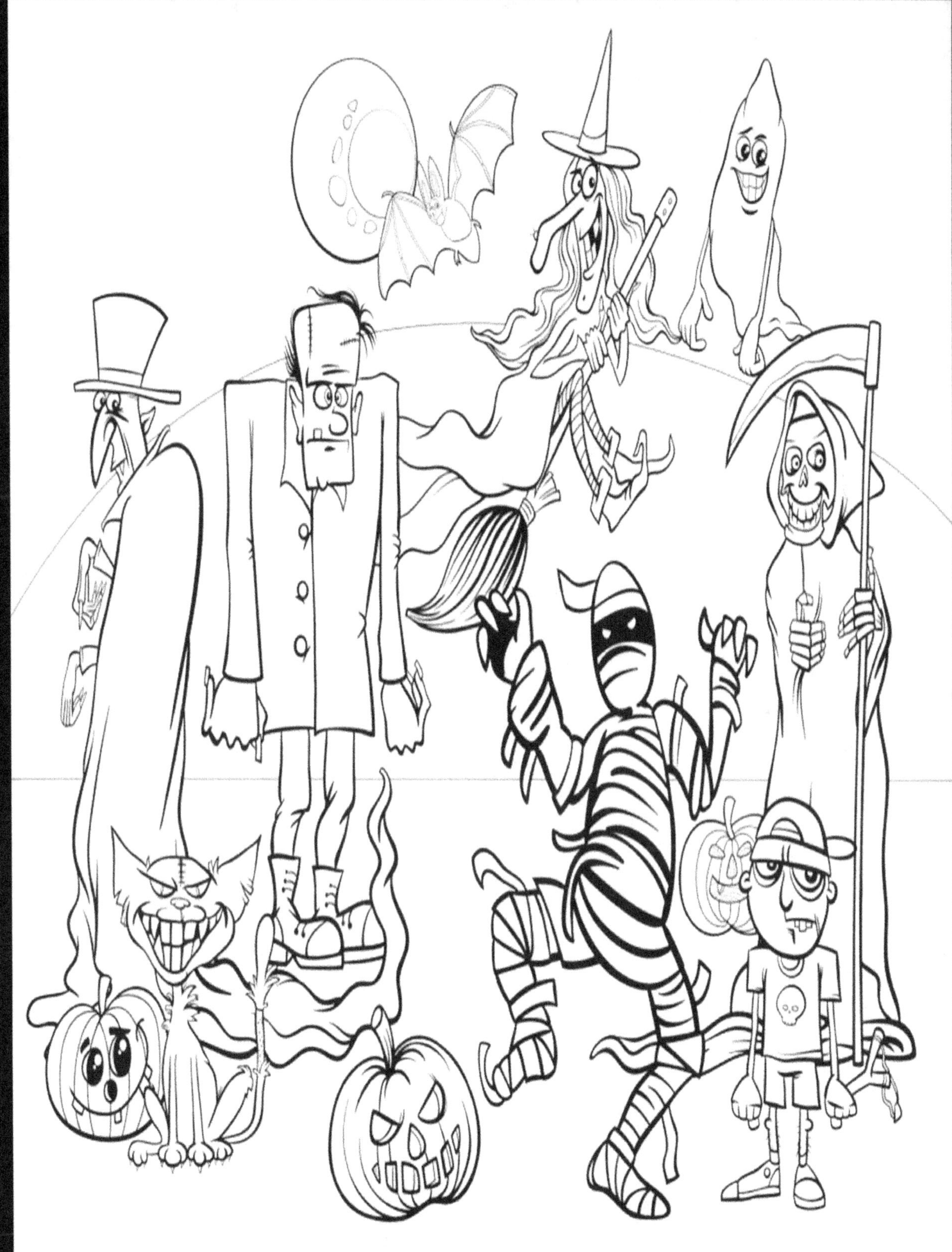

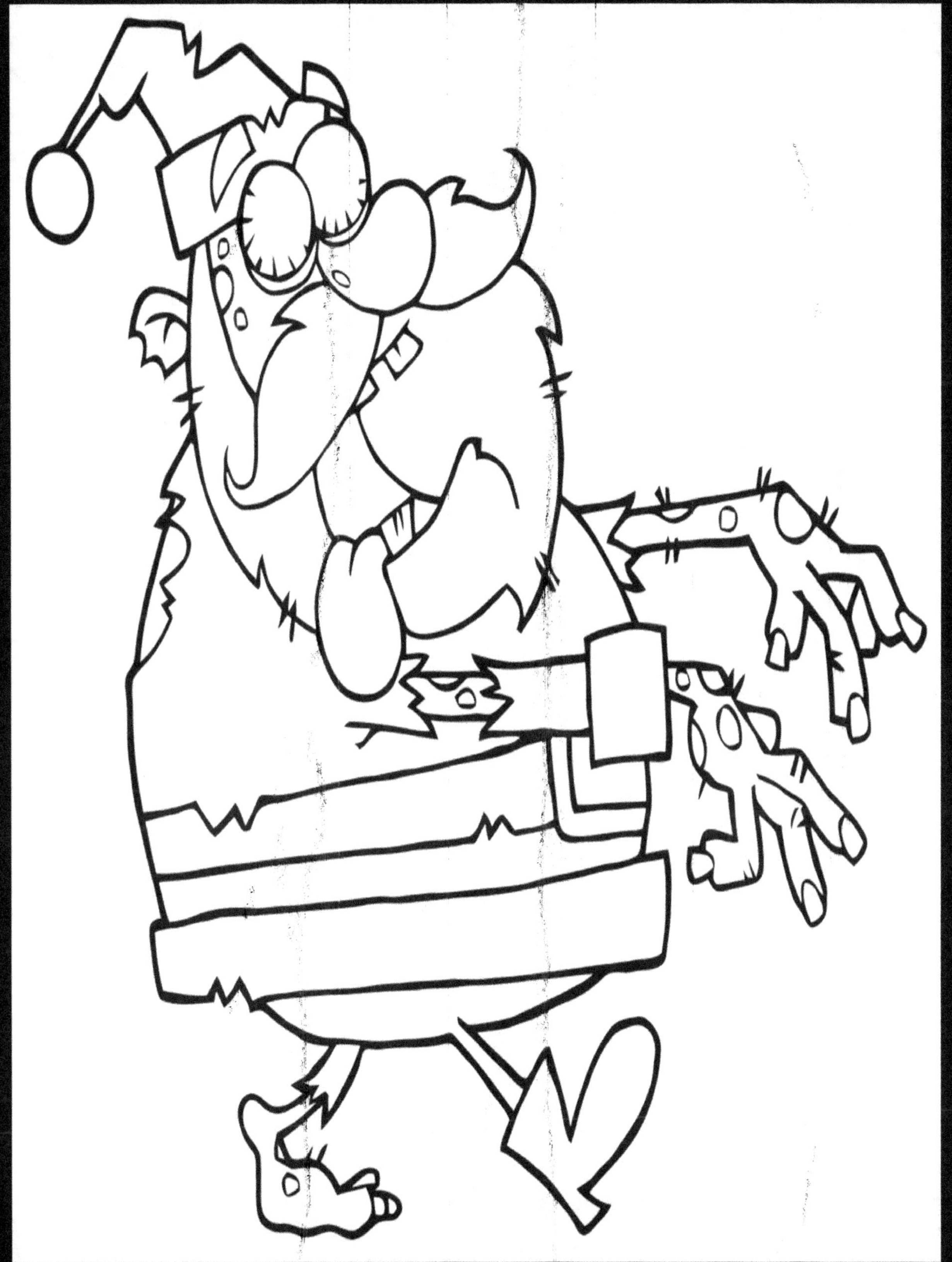

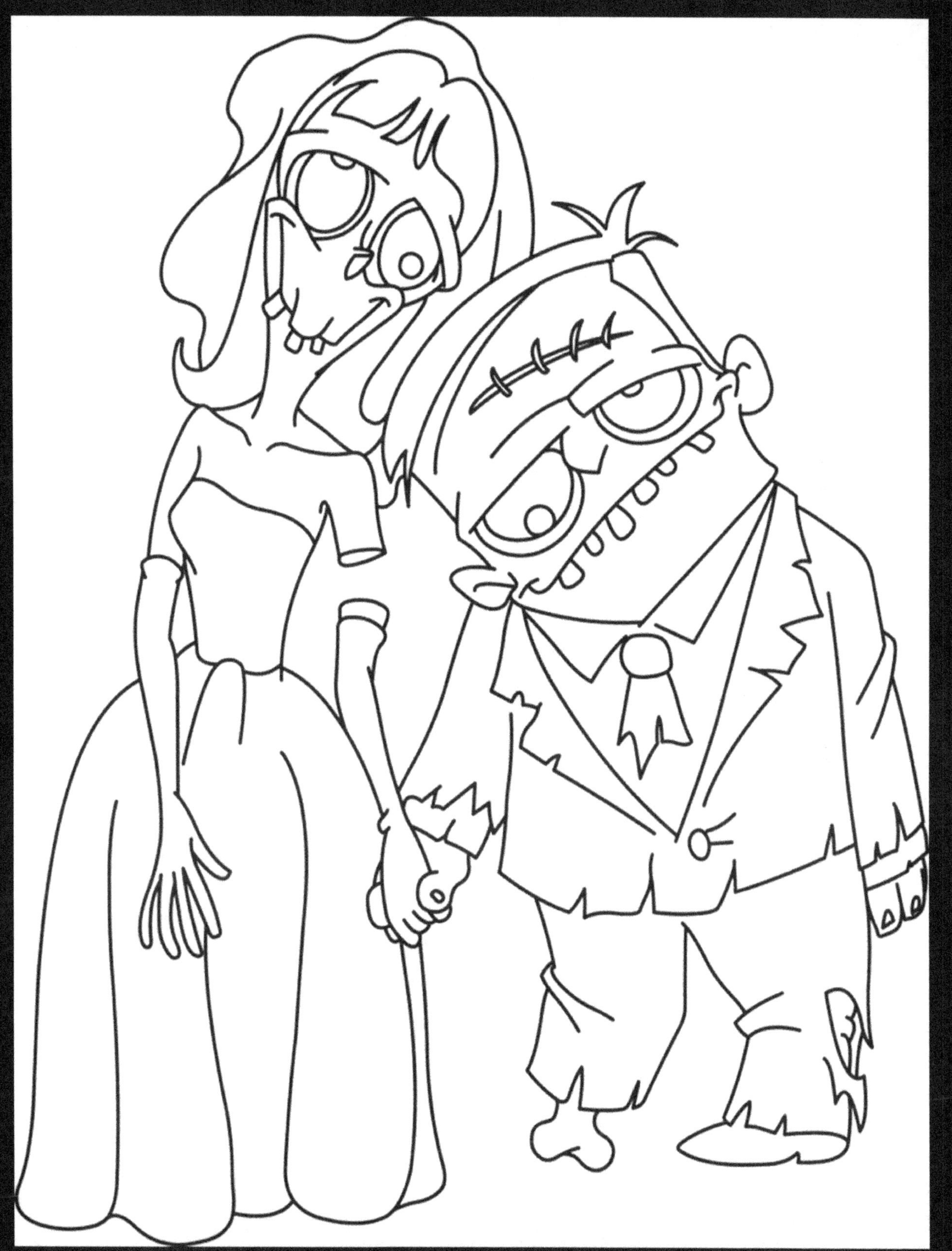

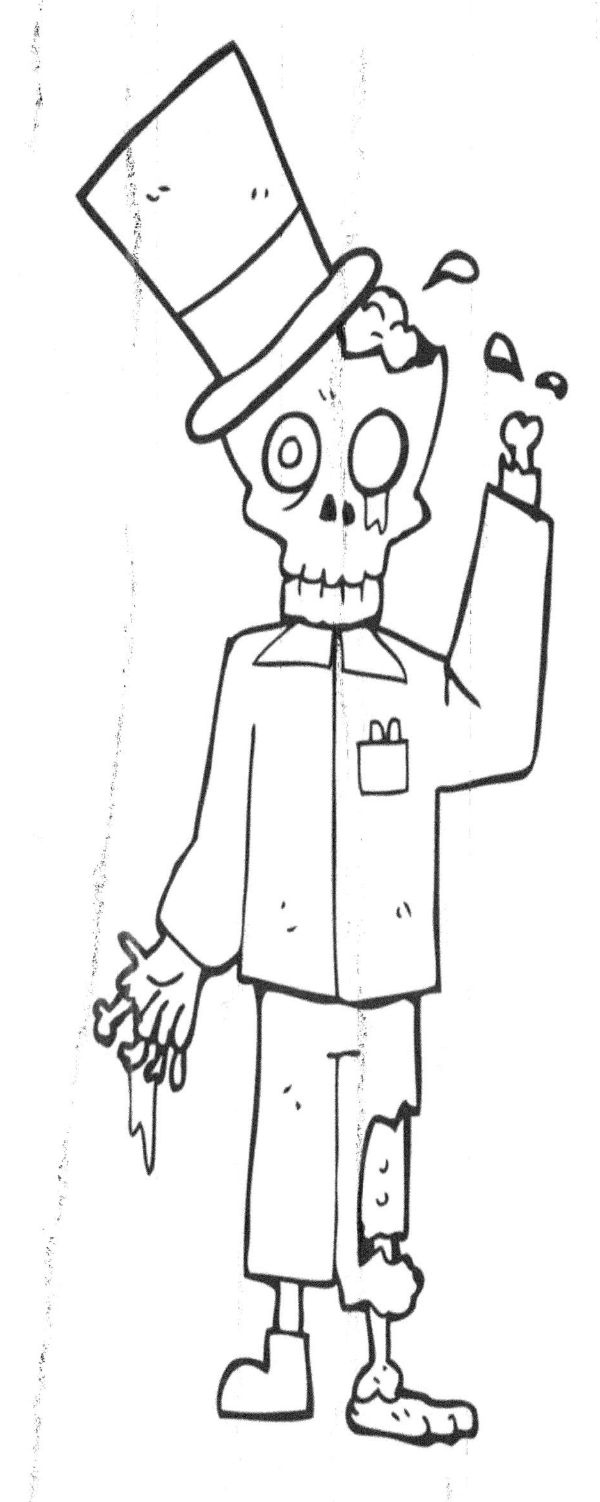

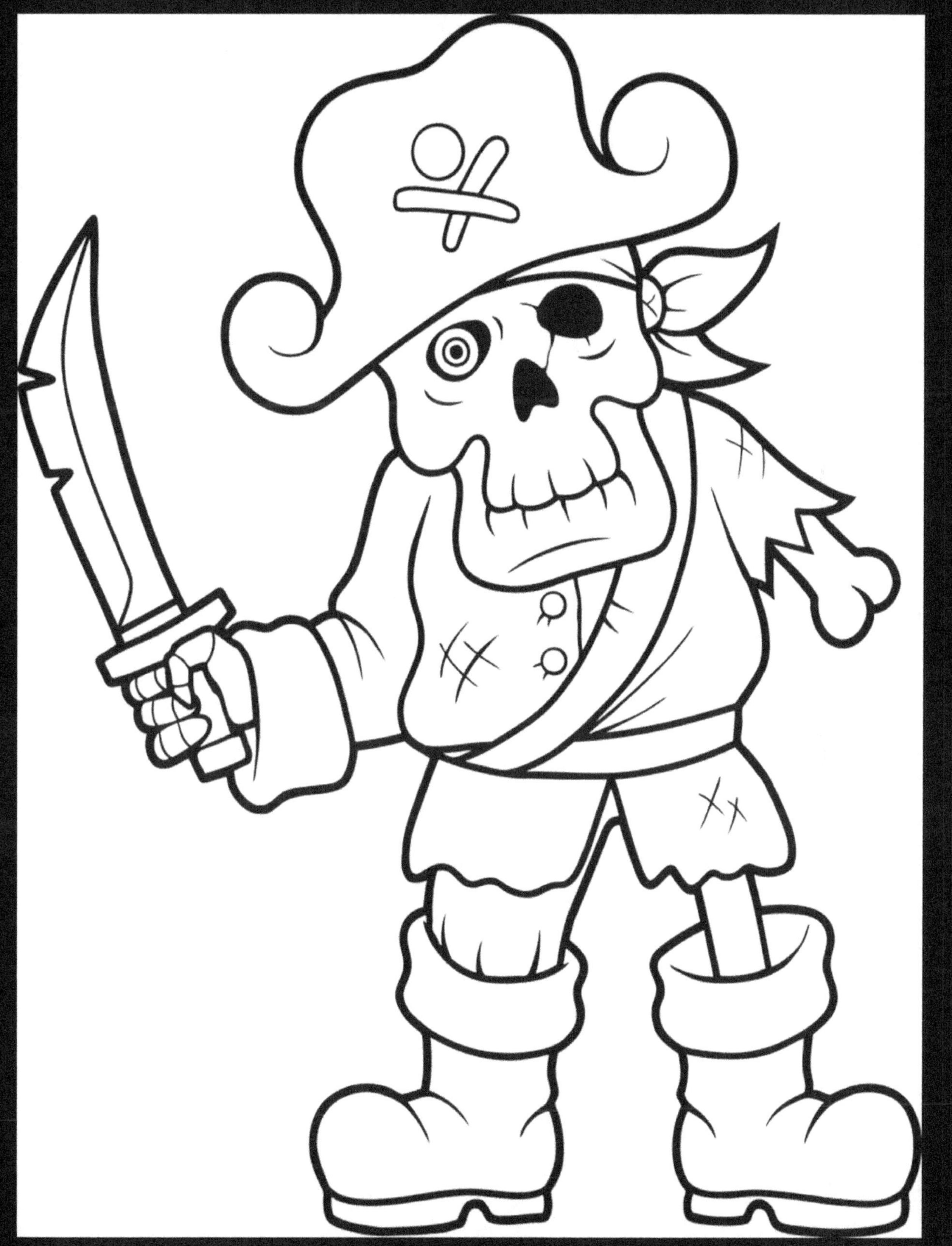

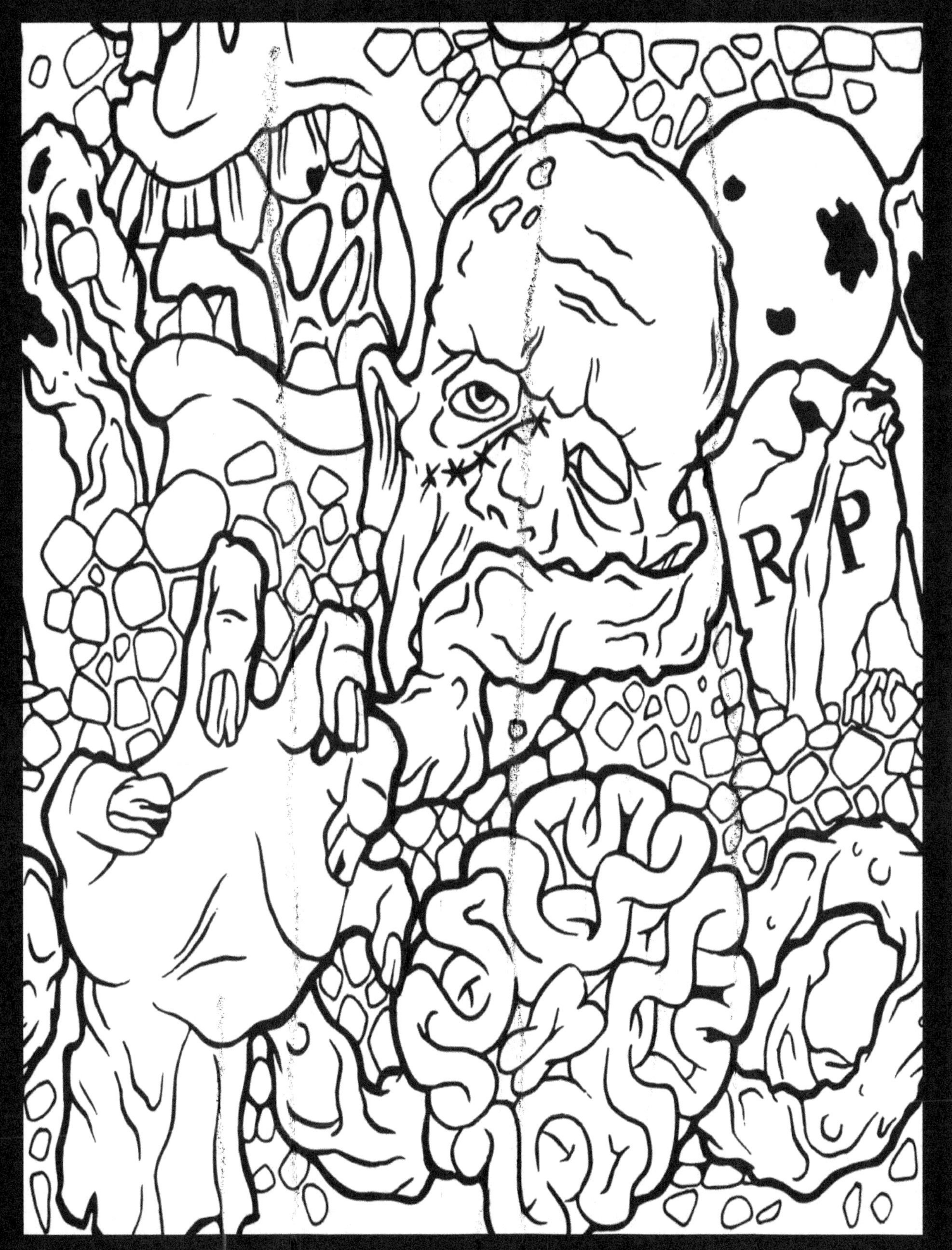

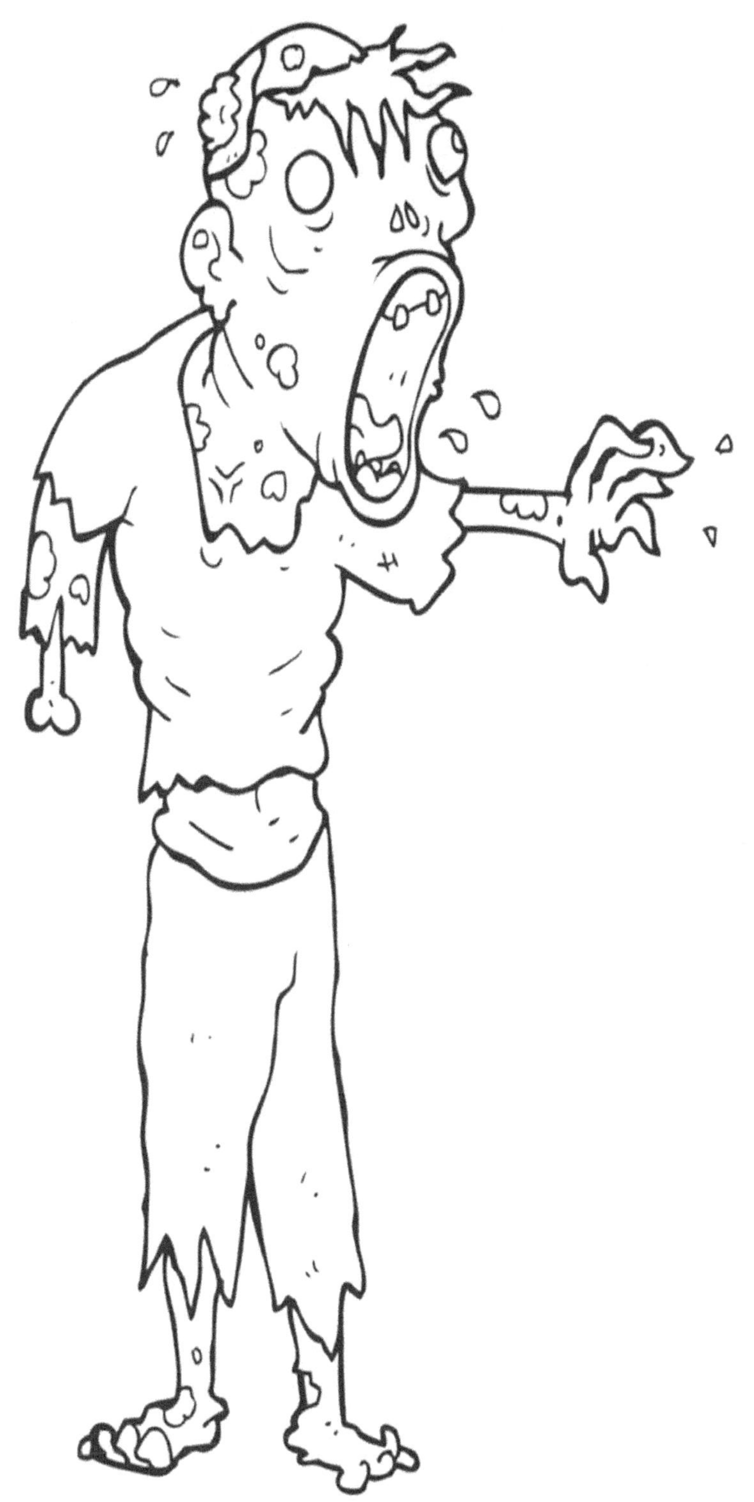

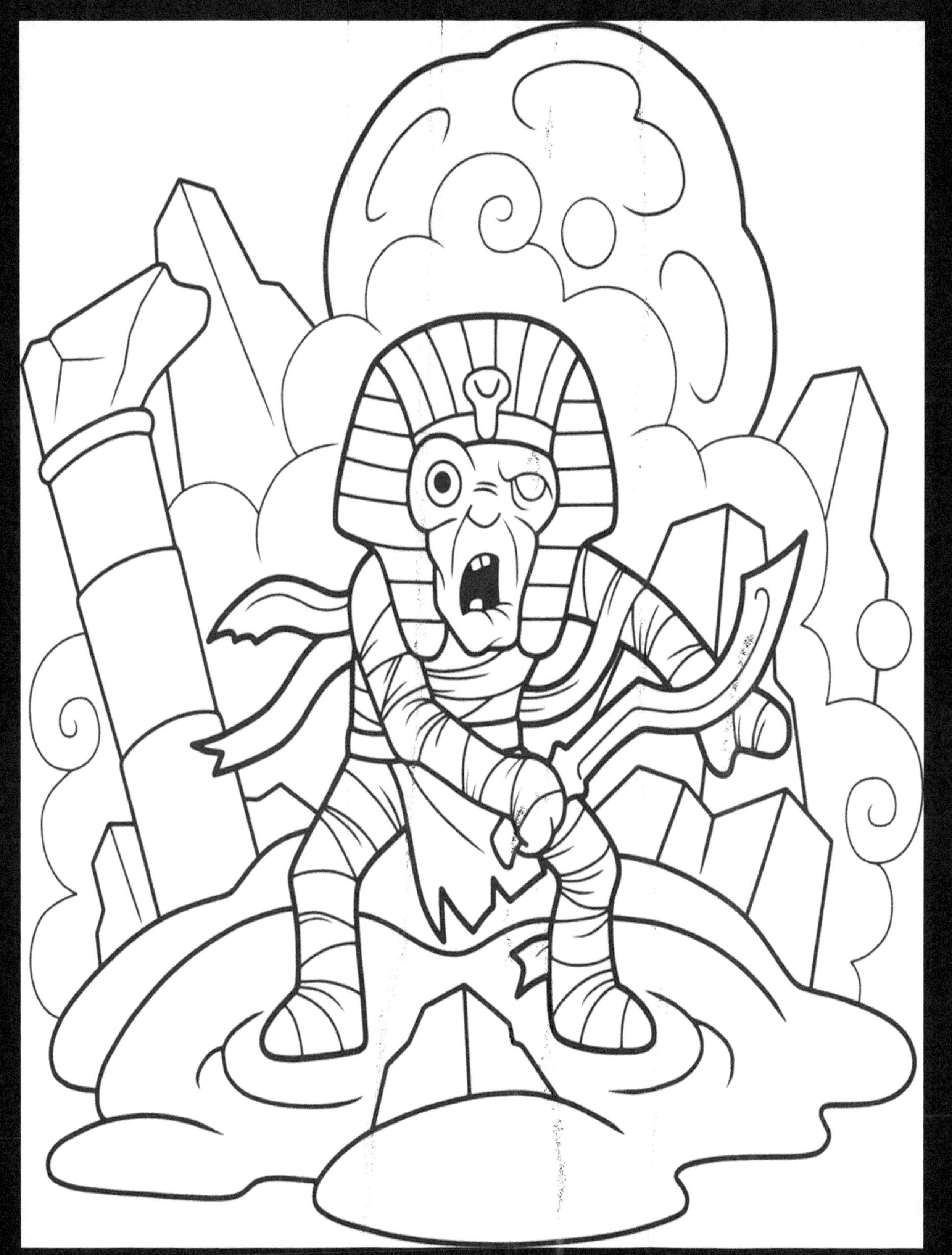

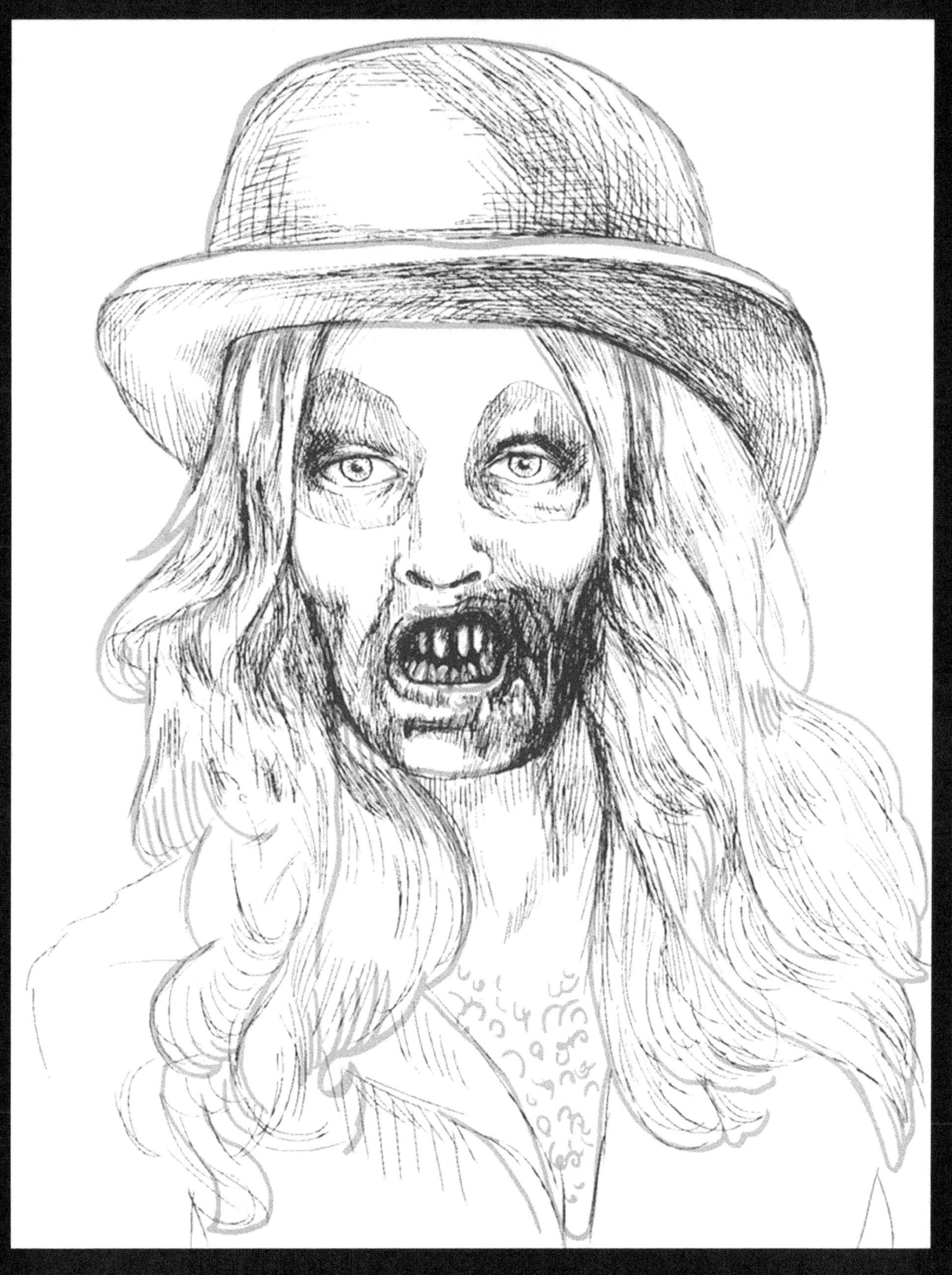

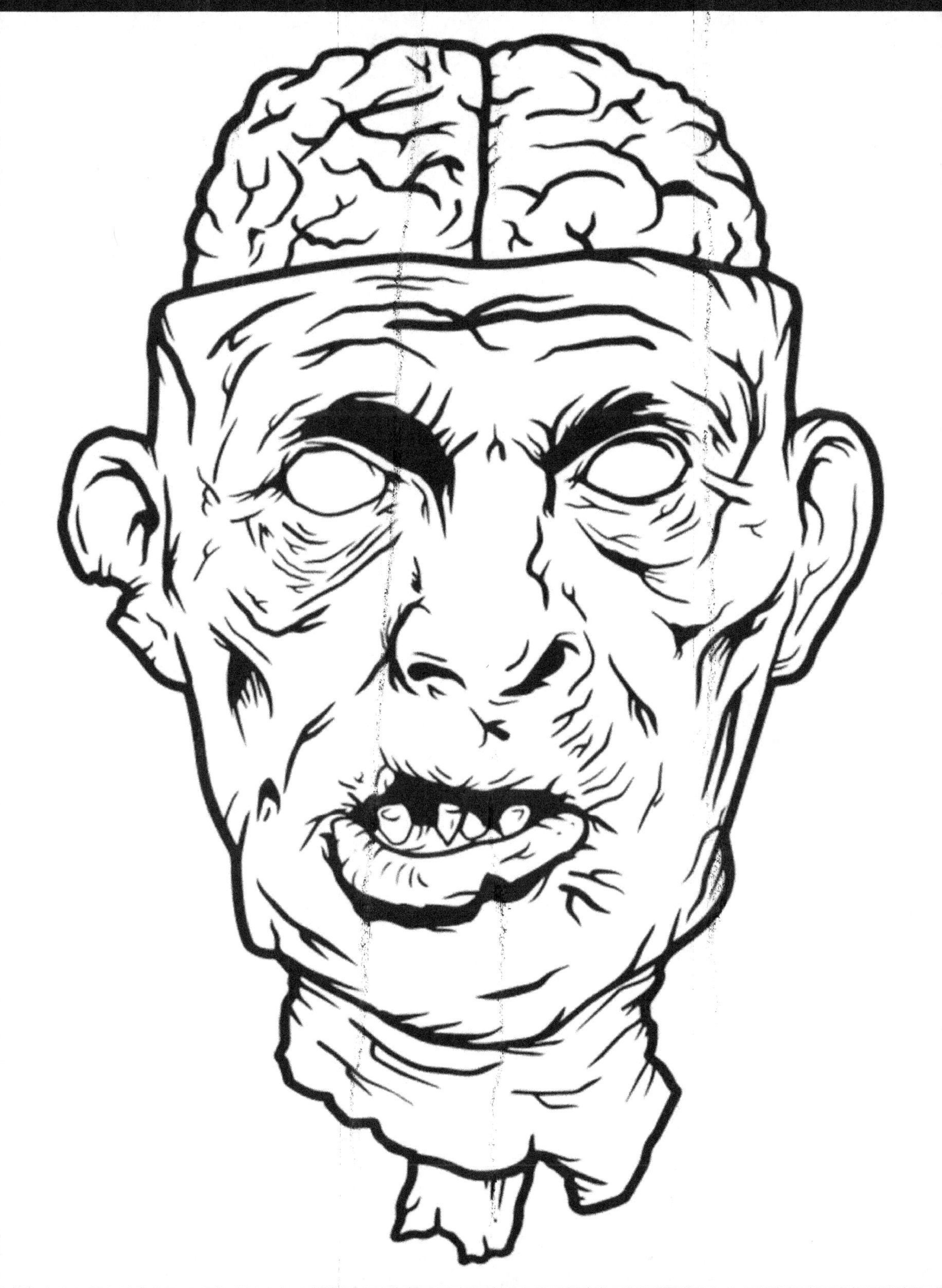

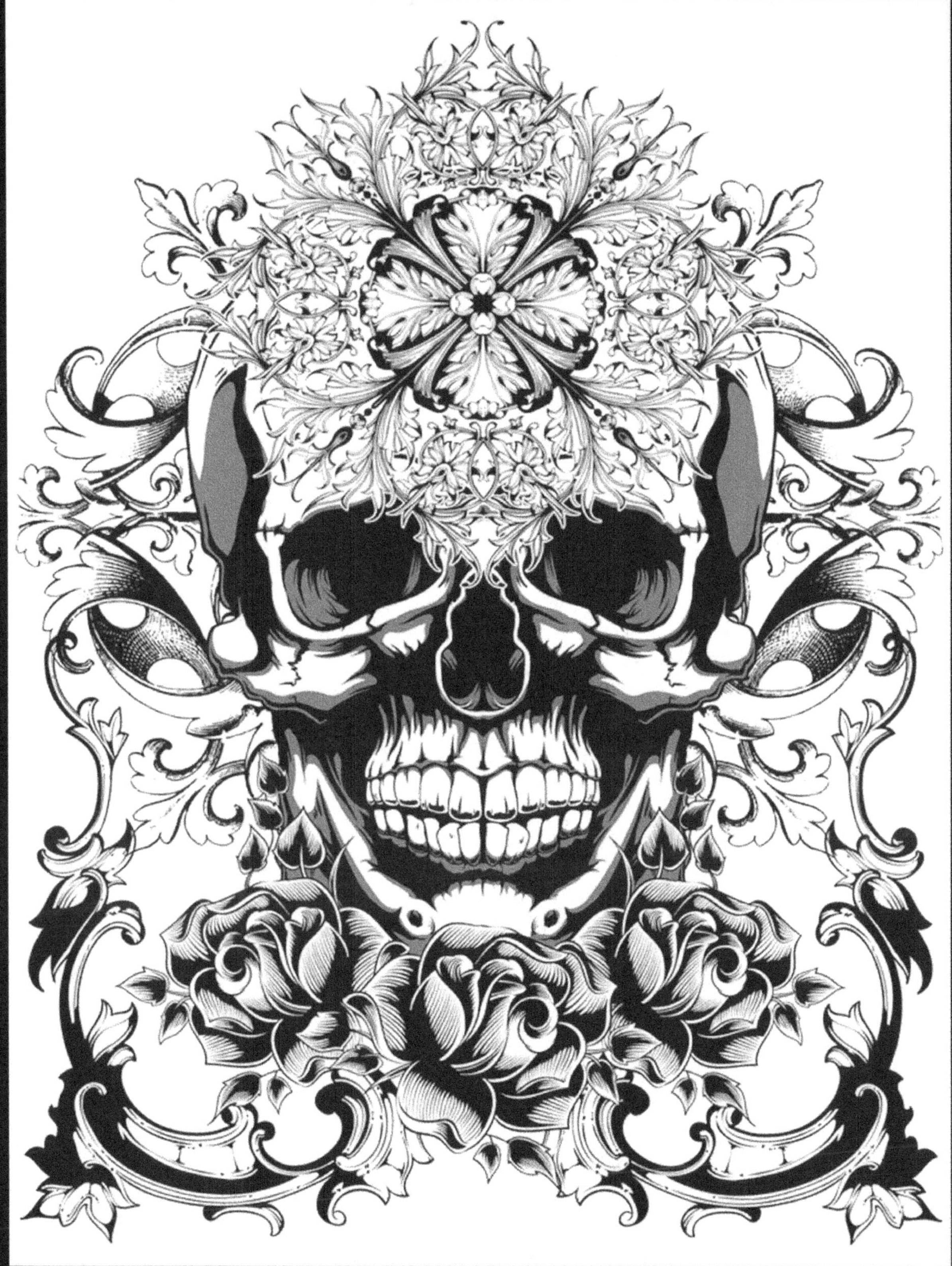

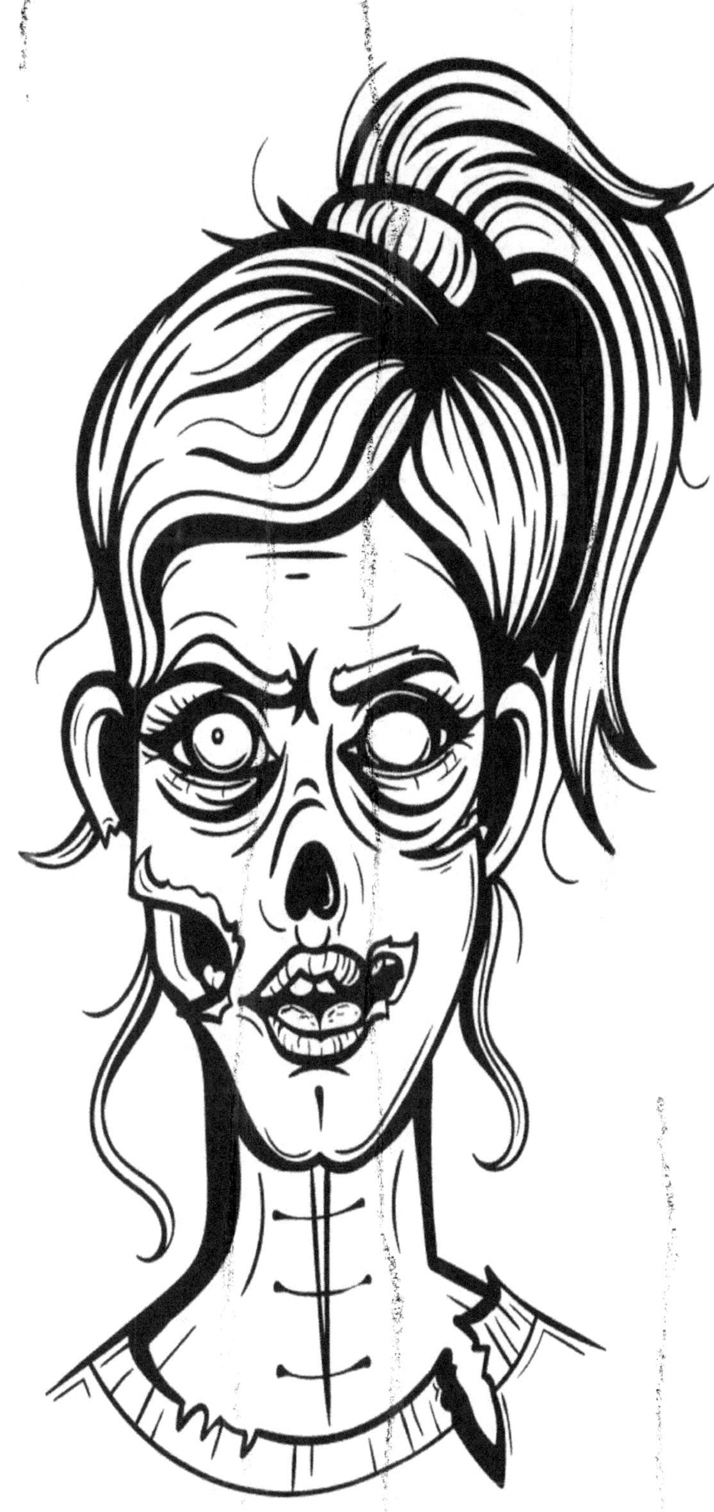

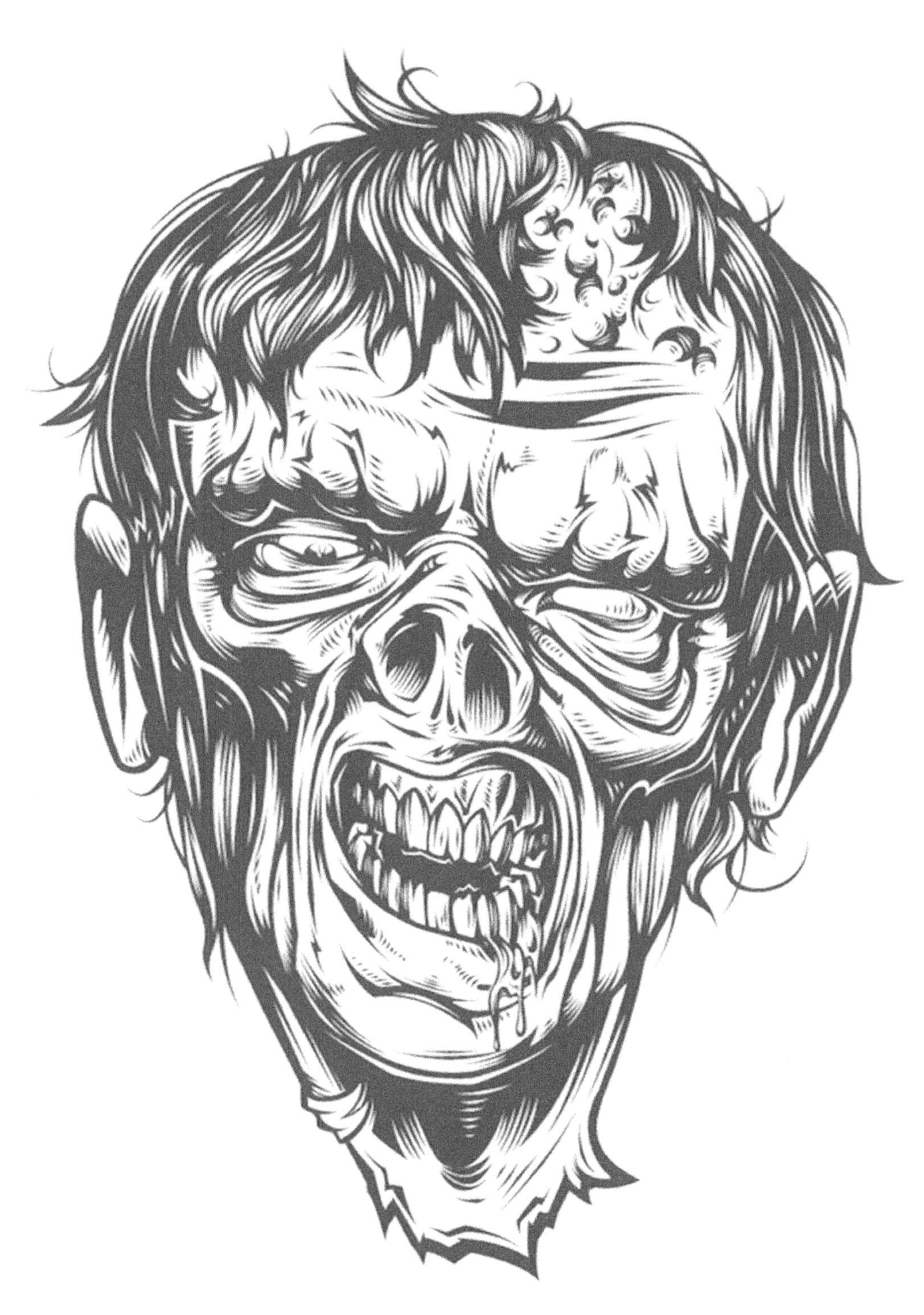